SIN QUERER QUERIENDO

ALICIA RÁBAGO

SIN QUERER QUERIENDO

*Los errores más comunes que cometemos
al educar a nuestros hijos
y cómo evitarlos o corregirlos*

URANO
Argentina – Chile – Colombia – España
Estados Unidos – México – Perú – Uruguay

Agradezco a mi familia que es lo más importante en mi vida. Me conocen quizás más que yo a ellos y, con mucha paciencia y amor, han hecho que mi vida sea maravillosa. Siempre lo digo y las personas que están cerca de mí seguro lo han escuchado, —Dios me quiere mucho– y me lo demuestra todos los días. ¡Gracias!

También agradezco a todas esas personas que a lo largo de muchos años han confiado en mí, me han apoyado, me alientan a seguir y me acompañan en el camino. Esto incluye familia extendida, amigos e incluso, personas a las cuales no tengo el gusto de conocer personalmente pero que hoy la tecnología me ayuda para sentirlas cerca.

Este libro es para todos aquellos padres que por momentos sentimos que «Nunca es suficiente», que quisiéramos no equivocarnos en nada para hacer de nuestros hijos personas espectaculares y que a veces olvidamos que hacer pausas, observar y luego decidir nos ayuda a enfocarnos en lo importante.

Índice

Sin querer queriendo

El trabajo de los padres no es criar hijos perfectos,
sino criar hijos independientes.

Anónimo

Imaginen por un momento que llegan a un país extraño, del cual saben prácticamente nada: ni el idioma ni las reglas ni la ubicación ni las costumbres. Y, a pesar de los deseos de comprender la situación y de adaptarse, reciben muy poca orientación al respecto. Lo más probable es que se sientan desorientados y les lleve tiempo organizar sus ideas. Desearían que alguien les explicara cómo funciona ese lugar, cuáles son los límites, las normas, los reglamentos o, al menos, lo básico para poder integrarse.

Tal vez sentirían algo de temor o incertidumbre al caminar por las calles o al atravesar una avenida; y si al cruzarla mal nadie dijera nada, ni siquiera los conductores tocaran el claxon, asumirían que es correcto hacerlo así y lo harían igual en repetidas ocasiones.

Sin embargo, si en un momento cruzaran nuevamente una calle, como siempre lo habían hecho y recibieran una gran llamada de atención por parte de la autoridad, se peguntarían: ¿Cuál es entonces la regla? ¿Por qué nadie nos avisa? ¿Cómo *sabemos qué normas son las que existen?*

Y vamos más lejos, ¿qué pasaría si los encargados de poner las reglas no las ponen, es más, si son ellos quienes les dicen *Las reglas las ponen ustedes*? Además de sorprenderlos, dudarían porque ¿cómo saber si esas reglas aplicarían en toda la ciudad? ¿Qué vigencia tendrían? ¿Serían validas solo para ustedes o todo mundo las seguiría?

Exactamente así llegan tus hijos al mundo y comienzan a interactuar con todo lo que les rodea: papás, familiares, vecinos, escuela, compañeros, amigos y conocidos, por lo que para ellos sería importante conocer las normas y reglas para funcionar en el mundo y en la sociedad, no solo en el momento presente sino en el futuro.

Muchas de estas reglas o normas sociales las enseñamos a diario con nuestro ejemplo, nuestras actitudes o con nuestras palabras y lo hacemos de forma empírica y sin pensar mucho, pero hay otras en las cuales debemos ser mucho más claros y precisos, sobre todo actualmente cuando parecería que todo es relativo o que todo es permitido lo que solamente confunde.

Hasta aquí, quisiera que entendieras cómo el amor que sentimos por nuestros hijos nos lleva a hacer, o dejar de hacer cosas, creyendo que con esto somos mejores padres; pero algunas veces, lejos de ayudarlos, «sin querer» les quitamos herramientas muy útiles para enfrentar la vida.

«Sin querer queriendo» es una expresión coloquial adoptada en el lenguaje que usamos los mexicanos día a día, que nos dice que en ocasiones tenemos una determinada intención al realizar algo, pero, simplemente, las cosas toman un rumbo diferente del que habíamos supuesto y genera consecuencias imprevistas.

¡Cuántas sorpresas nos hemos llevado por este inexplicable «sin querer queriendo»! Por ejemplo, ¿en cuántas circunstancias y de manera infatigable hemos buscado lo mejor para nuestros hijos, ya sea en la alimentación, la educación, las reglas o las normas, solo para descubrir que obtuvimos el resultado opuesto de lo que esperábamos?

Por lo tanto, la frase «sin querer queriendo» es también una llamada de atención para los padres, un recordatorio, de que ante la dificultad tal vez valga más la pena la reflexión y las acciones a fondo que la simple aplicación de una solución de corto plazo que a la larga genere consecuencias no previstas.

Hoy, los papás nos enfrentamos a un mundo desafiante lleno de información, datos, hechos, opiniones y múltiples redes sociales donde abunda información contradictoria. Ante esto podrían preguntarse: *¿Qué puedo hacer? ¿Cuál es la mejor guía? Quiero que mis hijos sean felices y deseo darles lo mejor, pero me ahogan tantas opiniones a favor y en contra de lo que siento y pienso, llegando incluso un momento en que yo mismo no sé qué hacer.*

Precisamente este libro se centrará en darles un marco de referencia para que puedan confiar en su sentido común y en su intuición de padres, ayudándoles a tomar decisiones que beneficien a sus hijos.

Sin querer queriendo es un libro que procurará acompañarte en la educación de tus hijos. Como pedagoga, educadora y, sobre todo, como mamá, comprendo la gran responsabilidad que tienen con sus hijos, así como el ideal de darles lo mejor, que sean felices y que en el futuro logren realizarse como personas.

Si bien no podré dar respuesta a todas y a cada una de las inquietudes que preocupan actualmente a los padres de familia sí intento sentar las bases para que, de manera creativa, intuitiva y personal, puedan adaptarlas a su entorno familiar.

¡Hagamos causa común en la educación de nuestros hijos!

Verdaderamente, ¿qué necesitamos saber los padres de familia?

Todos somos maestros y alumnos. Pregúntate:
¿Qué vine a aprender aquí y qué vine a enseñar?

Louise L. Hay

Generalmente, hay mil preguntas que rondan nuestra cabeza como padres. ¡Y eso no se detiene! Desde que nuestros hijos son bebés hasta que son jóvenes, las dudas más comunes que nos asaltan son: ¿Cómo saber si lo estamos haciendo bien? ¿Nos estamos equivocando? ¿Hacemos lo correcto?

Ante esto, lo primero que les sugeriría es que no se preocupen tanto en intentar responder estas preguntas porque habitualmente invertimos mucho tiempo en ello y no en *ocuparnos*.

A continuación, les compartiré tres conceptos que les serán de mucha ayuda en esta aventura de ser padres. Y, a partir de ellos, se irán desprendiendo muchos más:

Necesitan **estar**, para luego **observar** y, finalmente, **conocer**.

Seguir el orden de estas acciones es fundamental, alterarlo afecta el resultado. En el único lugar donde se puede alterar este orden es en el acrónimo **ECO** que diseñé para que tengan estas acciones siempre presentes y les sea más fácil recordarlas. Sí, entiendo hay una pequeña alteración en lo que les propongo, pero recordar la palabra ECO es más sencillo que recordar EOC así que tómenlo solo como una pista, es solo para que nos sea más fácil enfocarnos. No olviden recordar que, para conocer, primero deben observar. El acrónimo me gusta porque eso es lo que, muchas veces, serán ustedes en la vida de sus hijos: *un eco*.

- **ESTAR:** No se puede mantener una comunicación con alguien si no estamos.

  Las distancias se vuelven ausencias. Si no hay tiempo ni para **estar** con los hijos, no habrá posibilidades de **conectar** con ellos y llegar a más. La presencia no consiste solamente en estar físicamente, sino también emocionalmente: saber escuchar, no solo oír; compartir y aprender, porque querer es también dar su tiempo, su presencia y prestar su corazón.

  Recuerden que a lo largo de la vida de sus hijos la presencia parental se modifica y se afronta de forma diferente. Quizá cuando son más pequeños estar físicamente para ellos sea lo primordial y conforme crecen y son más independientes seamos menos requeridos, pero no debemos alejarnos. No lo olviden, sus hijos necesitan saber que ustedes siguen ahí.

  Cuando se encaminen a ser adultos, dirán: *Ya no me necesitan tanto*, pero creo que todos necesitamos saber que contamos con alguien y, muchas veces, cuando suponemos que ya no nos necesitan es precisamente cuando más presentes debemos estar, pero de esto nos damos cuenta solamente al observar.

• **OBSERVAR:** Observar es todo un arte.

Es más que solamente ver: es mirar con detalle, analizar, percibir y notar. Y digo que es un arte porque a través de esta habilidad somos capaces de leer las miradas de nuestros hijos, sus actitudes e incluso sus silencios. Cuando observamos a profundidad llega muchísima información que será necesaria para continuar apoyándolos.

Al observar, procuremos ser neutrales, para que nuestro corazón no ciegue la mirada y ayudemos a los hijos desde un aspecto objetivo. ¡Observemos desde ese amor que desea ayudarlos a crecer!

Créanme, observar nos da muchas ventajas; recordemos cuando vimos a nuestro hijo por primera vez en el hospital y aprendimos a observar sus necesidades, la forma en que se comunicaba y cómo fuimos aprendiendo uno del otro, no necesitabamos entender palabras, sin ellas reconocíamos sus miradas, actitudes y sentimientos. Recuerden: «Los ojos no sirven de nada si la mente no quiere ver».

Sugiero que no suelten esta conexión; porque cuando lleguen a convertirse en adolescentes, esa gran habilidad para poder seguir estando en sus vidas será requerida.

• **CONOCER:** Siempre será más fácil encontrar una respuesta si sé qué estoy tratando de resolver.

Un médico sabe qué va a prescribirnos una vez que conoce nuestro padecimiento, y esto ocurre de manera idéntica con los hijos: si los conozco y sé cuáles son sus fortalezas y sus debilidades, seguramente encontraremos cómo ayudarlos a favorecer sus fortalezas y a trabajar sus debilidades. Conocer implica un reconocimiento de todo y por esto no debemos dejar que el amor que les tenemos nos ciegue porque de esta manera no podremos ayudarlos.

El conocer lleva consigo un compromiso: el deseo de ayudar al otro a crecer y a sacar de sí lo mejor que tiene y, sin duda, para sacar lo mejor de alguien hay que poner lo mejor de uno.

La canasta básica: los puntos que siempre debemos recordar al educar a nuestros hijos

Presta atención a las grandes ideas y,
simultáneamente, a los pequeños detalles.

Anónimo

Algo que se dice mucho, pero que realmente como padres se nos olvida —por el amor tan grande a nuestros críos— es que los hijos crecen muy rápido. Suponemos que todo siempre será como cuando eran niños pequeños y querían estar cerca de nosotros para compartir muchos momentos de su día. Sin embargo, crecen y junto con esto la relación con nosotros cambia, en algunos casos de manera casi diametral y eso nos deja desconcertados.

Evidentemente, el amor estará ahí y nuestro papel como padres también, por lo que habitualmente expreso que al margen de las diversas etapas que atraviesen, nuestro papel deberá continuar siendo el de sus formadores. A este conjunto de principios que podemos aplicar le he denominado «canasta básica»; es decir, los fundamentos que siempre debemos recordar al educar a nuestros hijos. Y estos son:

- **El objetivo no es que te quieran.** Lo más importante es tener claro que la prioridad no es que ellos nos quieran, pues eso será el resultado de haberlos educado, orientado, acompañado, formado y respetado a lo largo de muchos años (te lo habrás ganado). Lo más difícil es comprender que los hijos quieren a sus padres, pero nunca de la misma manera que los padres quieren a sus hijos. Esto suena fuerte, pero piénsenlo desde su lugar como padres y desde su lugar como hijos.

- **Los hijos no resuelven nuestros problema.** Los niños no vienen a resolver los problemas de nadie, ni a cumplir las expectativas ni los sueños de otros. No pongan expectativas en alguien que tendrá su propia historia.

- **Son personas independientes.** Hay que tener claro que los hijos tendrán que aprender a vivir sin la presencia permanente de sus padres —pues no siempre podremos estar—. A veces esto duele, pero si lo tenemos claro, siempre será más fácil para todos.

- **Nadie es perfecto.** No se desgasten tratando de hacerlo a la perfección, ni le exijan a ellos que lo sean; esto es imposible. Además, recuerden que sus hijos no los quieren perfectos... los quieren felices.

- **Dispuestos a seguir aprendiendo.** Seguimos aprendiendo todos los días (no por ser padres lo sabemos todo) y cuando tus hijos se dan cuenta de que también aprendemos, se contagian de la forma en que lo hacemos; así que enséñenles que siempre se puede aprender algo nuevo. Recuerden que cuando enseña uno, aprenden dos; es ley de vida.

- **No lo sufras, mejor disfrútalo.** Las expectativas que podamos tener, seguramente no serán las mismas que ellos tengan. Vale más disfrutar de las personas y sus logros, crecimientos y aprendizajes. Así como nadie viene con un manual de instrucciones, de la misma manera nadie viene con metas ya establecidas; lo divertido de la vida es buscarlas, trabajar por ellas y conseguirlas; y esta sensación se multiplica cuando quienes lo logran son nuestros hijos.

- **Confía en lo que hiciste.** Conforme tus hijos vayan creciendo, tendrán que aprender a confiar en lo que les enseñaron, dijeron e hicieron; sus hijos confían en ustedes y lo hacen ciegamente durante muchos años. ¡El ejemplo arrastra, confíen!

- **No son eternos.** No siempre podrán estar ahí físicamente para ellos, entonces procuren pensar en qué es lo que recordarán de ustedes, considero que es la mejor manera de disfrutarlos.

- **Educar no es fácil.** Recuerden que educar siempre ha sido, es y será una gran responsabilidad, pero también es un sentimiento indescriptible cuando llegan los frutos (ese orgullo detrás de un: *No quepo por la puerta* o *Me siento como pavo real*).

- **Enseñarlos a quererse y respetarse.** Con los años aprendemos que *ser lo máximo para ellos* no debe ser nuestra prioridad; esta debería ser que *sean lo máximo para sí mismos*. En realidad, es lo que todos los padres queremos.

- **Tener claro cuáles son los objetivos.** La presión social influye no solo en la forma de pensar de los hijos, sino también en la nuestra, por lo que querrán tener muy claro lo siguiente: ¿Qué buscamos? ¿Hacia dónde vamos? y ¿Qué queremos conseguir para no salirnos del camino? Preparen un mapa de ruta.

- **No tener miedo de asumir la responsabilidad.** Durante muchos años seremos las personas que se hagan cargo de tomar decisiones, asumir consecuencias, ayudarlos a formar un criterio y presentarles el mundo; por muchos años seremos quienes controlemos ese coche y demos lecciones de manejo, para que, cuando llegue su momento, ellos sepan conducir, cuidarse y hacerse cargo.

- **Educar en todas las áreas.** Nuestros hijos son seres integrales y de poco valdrá estar muy preparados académicamente si no saben relacionarse, convivir, disfrutar y sentirse queridos.

Una vez que tenemos claros los ingredientes de «la canasta básica», ahora es importante señalar los factores más importantes para poder llevarlos a la práctica.

En múltiples ocasiones he escuchado una frase que expresan innumerables padres de familia a la hora de educar a sus hijos: *Los hijos no vienen con un manual de instrucciones incluido.* ¡Es verdad! Pero además estoy segura que si vinieran con un manual de instrucciones detalladas quizá no lo leeríamos, ni lo entenderíamos; hasta me atrevería a decir que, si lo incluyeran, probablemente expresaríamos: *¡No viene en un idioma que comprenda!* o *¡Esto ya es obsoleto!*

Efectivamente, las épocas cambian y se transforman. Quizá la manera en la que nos educaron no sea tan efectiva hoy si intentan aplicarla como copia calca para educar a sus hijos de esta nueva generación; la educación también debe evolucionar.

Sin embargo, aunque las formas cambien, en el fondo, lo esencial prevalece: el amor es amor, el respeto es respeto y la responsabilidad es responsabilidad al margen de las décadas, de los factores que se sumen a cada nuevo periodo e incluso de las modas.

Lo maravilloso de los seres humanos es que todos y cada uno somos muy distintos y sí, podemos tener un temperamento parecido al de nuestros padres, pero el carácter se formará a partir de ese temperamento y la manera en que cada niño aprenda a percibir y a convivir con las experiencias que le tocan, sin duda de la mano de sus padres, y que le permitirá estimular todas las grandes cualidades que tiene dentro de sí.

Antes de que nuestros hijos se vean expuestos a todos aquellos factores que les influirán en el mundo, las primeras impresiones que reciben las toman de nosotros, por lo cual, siempre es un buen momento para reflexionar sobre lo que queremos impregnar en ellos.

Indudablemente, a partir de tenerlos en nuestros brazos, recibimos una avalancha de recomendaciones, sugerencias, consejos y orientaciones —más un largo etcétera—acerca de lo que debemos hacer. Sin embargo, al margen de todos aquellos mensajes, debemos comprender que nuestro papel y misión es dar guía y orientación a nuestros hijos.

Todo empieza con ustedes

*Vive de tal manera que, cuando tus hijos piensen en justicia,
cariño e integridad, piensen en ti.*

H. JACKSON BROWN

Los padres de familia somos los encargados de orientar, formar y educar a nuestros hijos de manera que puedan realizarse como personas. Y cabe señalar que, aunque con personalidad propia, los hijos son reflejo de los padres hasta en detalles casi imperceptibles, ya que los niños modelan las actitudes, los hábitos, las convicciones y los valores que ven en nosotros. Por ejemplo, si desde pequeños son enseñados a ahorrar agua, en el futuro lo harán; e igual ocurre con el respeto a sus maestros, pedir las cosas por favor, llevarse bien con las demás personas o ser conscientes de que obtener un resultado requiere perseverancia.

Es decir, hay cierta previsibilidad en la educación de los hijos. Para esto propongo un ejemplo: Imaginen por un momento que hubiéramos sido educados por la familia que vive frente a nuestra casa o en el departamento de al lado, sin duda seríamos personas distintas en creencias, hábitos, comportamientos, conductas, convicciones y valores.

Observen cuando los hijos salen de casa con sus papás: suelen parecerse a ellos, en sus gestos, ademanes o palabras y, en ocasiones, incluso en detalles pequeños y casi imperceptibles como fruncir el entrecejo, rascarse la cabeza o hasta la forma de expresarse. Quisiéramos que de nosotros aprendieran solo lo bueno, pero tristemente no siempre es así, por eso nuestra responsabilidad con ellos es enorme.

Nuestros hijos siempre están en busca de congruencia o correspondencia, lo cual significa que tienen un radar que busca que un modelo de autoridad los guíe y toman como referencia ese modelamiento en las actitudes de sus padres, sobre todo cuando son pequeños. Aclaro que eso ocurre en la mayoría de los casos, porque cuando hablamos de seres humanos, nada puede generalizarse.

Esta búsqueda de congruencia se vuelve más pronunciada conforme los niños se acercan a la pubertad o a la adolescencia, pues están comprobando si todo lo dicho a lo largo de estos años lo vives y no tan solo lo pides. Por ejemplo, si siempre les han pedido que digan la verdad y un día descubren que ustedes no lo hacen, tengan por seguro que se los harán notar.

Durante los primeros años de vida de ese niño o niña, siempre procurará obtener la aprobación de aquellas personas a las que quiere; es decir, sus padres. Observen: si un bebé hace una mueca y nota que le sonríen, entonces volverá a repetir la mueca porque se ha dado cuenta que gustó. Más adelante, si aplaudió o dijo una palabra graciosa y hubo una reacción positiva, volverá a hacerlo porque su seguridad se construye en función de la aprobación que le proporcionan, la que le da la persona que lo cuida o pasa más tiempo con él.

En la etapa del preescolar nuestros hijos aprenden habilidades como convivir e interactuar con otros compañeritos, lo cual también es una manera de pertenecer a un grupo y por esto detectas que incorporan a su vocabulario algunas palabras que en casa no se dicen, que levantan la mano igual que su maestra, que actúan o se mueven como alguno de sus amiguitos; es decir, están incorporándose a un nuevo mundo y buscan cómo pertenecer, por lo que es esencial que durante estos primeros años nuestras palabras, actitudes y ejemplo reflejen lo que queremos que ellos aprendan e integren. Si les ordenamos no comer con la boca llena, no decir grosería o no comer entre comidas, entonces no lo hagan ustedes tampoco porque ellos están aprendiendo y sus sentidos se encuentran muy alertas para detectar todo a su alrededor. Ese aspecto es maravilloso y no deberíamos perderlo, incluso aunque crezcamos, pues dejamos de admirar los detalles de la vida y se nos olvida que cada uno de estos es significativo.

Conforme pasan los años, los niños empiezan a tener más amigos, más maestros y quizá convivan con más familiares y aprenden conductas de todos ellos; como padres, debemos aprovechar al máximo esta etapa en donde todavía les interesa nuestra aprobación porque es un periodo para transmitirles valores esenciales y todos aquellos conceptos intangibles que a veces nos preguntamos cómo enseñarlos. Sin duda, la respuesta es el ejemplo.

Cuando llegan a la pubertad tratarán de entenderse a sí mismos y comprender todos los cambios que se les presentan, pero no creas que no nos necesitan o que ellos ya no están pendientes de lo que decimos o hacemos, ¡por el contrario!; llegada esta edad, hay un punto en donde se vuelven muy críticos: juzgan y cuestionan, e incluso parece que se dedican a encontrar todo aquello en lo que nos equivocamos o que no les parece congruente.

Mi sugerencia es que no te lo tomes personal. Es parte de su proceso de encontrarse y *de romperse para autoconstruirse*. Y si han estado ahí a su lado, conserven la tranquilidad, confíen en que esos ladrillos y materiales que emplearán para autoconstruirse serán sólidos; simplemente están creando o generando su propio diseño y ustedes tienen que permanecer ahí para, quizá, sostener un pilar o una columna que, de repente, parece que se tambalea.

La adolescencia es una etapa que se denomina como un periodo complicado debido a los múltiples y diversos cambios emocionales y fisiológicos. Los padres se muestran muy sorprendidos cuando parece que todo lo que les enseñaron a sus hijos, aparentemente lo han olvidado: antes eran atentos y solícitos, ahora se han vuelto indiferentes; o bien, los que antes eran estudiosos, son insensibles o despreocupados y constantemente se les insiste que estudien para sus exámenes. No claudiquen, las crisis o turbulencias pasarán como pasan las tormentas. Solo recuerden lo importante que es seguir aplicando la estrategia ECO: estar, observar y conocer.

Sin embargo, si han construido sólidos cimientos en la educación de sus hijos, descubrirán que cuando esta etapa de pubertad y adolescencia transcurra o finalice, ellos retomarán el rumbo que tantas veces les señalaron.

Sin duda, mucho dependerá también de cómo nosotros tenemos en nuestra mente esa etapa. Por ejemplo, me suelo encontrar con quienes les expresan a sus niños de 9 o 10 años: *Estás que ni tú te aguantas* o *Ya estás prepuberto*. Como si ello fuera una característica negativa o hiciera referencia a un periodo nefasto.

Siempre será importante considerar que muchas de las ideas, juicios o prejuicios que tenemos, generalmente son adquiridos dependiendo del lugar donde nos desenvolvemos y de lo que hemos aprendido de nuestro alrededor. Si pensamos cuál es la idea que quiero que mi hijo tenga sobre tal o cual aspecto, quizás entonces seríamos más cuidadosos al transmitirles las nuestras.

Algo muy importante es darnos cuenta del **valor que tienen las palabras**. Todas las palabras ocupan un espacio en la mente y el corazón y es importante que nosotros nos demos cuenta de esto; no se trata de estar continuamente cuidando lo que decimos, pero sí es necesario que nos responsabilicemos de lo que una palabra puede hacer o deshacer.

En la actualidad se habla de un «lenguaje positivo», aquél que nos motiva, que nos hace buscar un sentido y no solo el que desacredita y nos detiene, por lo que el lenguaje es y será una herramienta fundamental en la educación de nuestros hijos.

Las palabras positivas nos ayudan a ver y construir el mundo; construimos nuestra historia con palabras y se van quedando en nuestra memoria. Mucho de lo que hagamos tendrá que ver con cómo esas palabras impactaron en nosotros.

Pensemos un instante en palabras negativas, esas que pueden lastimarte, que duelen e incomodan y que generalmente nos detienen o nos frenan. En contraste, si pensamos en palabras positivas, estas nos abren la mente, nos motivan y nos dan una perspectiva más amplia.

Las palabras generan ciertas emociones en nosotros y hoy es sumamente relevante el poder reconocer, nombrar y saber manejar las emociones; sin duda, las palabras son poderosas y si las aprendemos a cuidar también estaremos protegiendo lo que entra en nuestro cerebro y cómo reaccionamos ante eso.

Debemos enseñar a nuestros hijos a «cuidar sus palabras», ya sean en lenguaje oral o escrito. Por ejemplo, actualmente podemos encontrarnos con personas que insultan detrás de un perfil anónimo en redes sociales, quienes escriben palabras fuertes e hirientes y que lastiman escudándose en el anonimato que les brinda un falso perfil.

Esos son los aspectos que tenemos que transmitirles a nuestros hijos, pero requerimos ser conscientes de la importancia que tienen las palabras y de la manera en que las utilizamos.

Como adultos tenemos la responsabilidad de comprender que gran parte de nuestra educación tiene que ver con esas expresiones y palabras que decimos y vivimos a diario, que tenemos el compromiso de que nuestro mensaje verbal vaya acompañando a nuestros actos y de enseñarles a nuestros hijos que las palabras, por muy sencillas que parezcan, pueden construir o destruir, y que no todos las vivimos, sentimos y recibimos de la misma manera.

Durante mucho tiempo, las personas expresaron: *Cuando hables con tus hijos no lo hagas de manera negativa; siempre plantéalo sin el NO.* Creo que esto generaba mucha confusión porque en realidad lo correcto no es evitar el NO, sino más bien evitar quitarle las posibilidades al SÍ. El NO también es una palabra; el problema es que los seres humanos solemos inclinarnos más hacia lo negativo y esto se vuelve costumbre en el día con día. Si comenzamos a introducir elementos positivos en nuestro pensamiento seguramente empezaremos a tener más alternativas.

Como en la mayoría de temas educativos, lo principal es el ejemplo: si quieren que sus hijos sean más optimistas o más positivos, tendrán que empezar por entrenar su mente para pensar en positivo y esto tendrá mucho que ver con el lenguaje interno que tengan; a veces es complicado porque son muchos años de centrarnos en otros aspectos, pero siempre se puede y créanme que, por sus hijos, todo lo vale.

Cuidado con educar desde «tus faltantes»

Tus heridas probablemente no sean tu culpa,
pero tu sanación es tu responsabilidad.

ANÓNIMO

Una cuestión que vale la pena abordar —y que deben estar conscientes desde el principio de la educación de sus hijos— es que el factor de «tus faltantes», los de cada padre adulto al frente de la educación de un niño, no sea algo que continuamente les lleve a dudar de lo que están haciendo. Llegados a este punto, seguramente se preguntarán: ¿A qué te refieres con eso de mis faltantes? Para dar respuesta a esto te pondré un ejemplo.

Seguramente en alguna fecha especial, como Navidad o Día de Reyes, tenían la ilusión de recibir un juguete largamente anhelado, ya fuera una linda muñeca o un muñeco de acción, una bicicleta u otro tipo de obsequio de muchísimo valor emocional, pero ocurrió que, al llegar el esperado día recibieron un par de calcetines, ropa interior, unos zapatos que necesitaban o un cuaderno para colorear y se sintieron tristes, con una honda decepción. ¡Eso lo recuerdan hasta hoy! Y dicen: ¡Yo jamás haría eso! Y agregan: ¡No quiero que mis hijos sientan esa desilusión o frustración que yo sentí, por no haber obtenido lo que pedí! Y a esto me refiero con faltantes: una expectativa que no se cumplió y que dejó un hueco emocional debido a un recuerdo que incluso hoy, que ya son padres no es agradable.

Un deseo genuino de los papás es que a sus hijos no les falte nada y esto es muy válido; sin embargo, vale la pena reflexionar qué tanto esos faltantes suyos influirán en los mensajes que envían a sus hijos, puesto que «nuestros faltantes» no necesariamente son los de los hijos. Por decirlo de alguna manera: **En lugar de educar a nuestros hijos con lo que ellos necesitan, los estaríamos educando con lo que pensamos que a nosotros nos hizo falta y entonces no estamos cubriendo sus necesidades, sino las nuestras.**

Reconozcamos que cada niño o niña es un individuo, cada uno tiene diferente temperamento y, llegado su momento, distinta personalidad, por lo que sus necesidades pueden ser muy opuestas de las que nosotros creemos, lo cual suele ser más frecuente de lo que imaginamos porque esos niños en formación tienen unas características y un temperamento propios, así como sus gustos, simpatías y antipatías personales.

A este respecto, una mamá me contaba que, cuando era pequeña, no la dejaban levantarse de la mesa hasta que se acabara todo lo servido en el plato y cuando le daban carne con grasita —«el gordito», le decía ella— le daba tanto asco que no podía terminársela, pero sus papás hacían que se la comiera; de manera que, cuando ella tuvo a su hija, antes de servirle la carne le quitaba el gordito, pues daba por hecho que a su hija tampoco iba a gustarle y mejor le evitaba esa experiencia que a ella en lo particular le resultaba sumamente desagradable.

Mientras leen este ejemplo ¿qué viene a su mente acerca de algo que hayan hecho por sus hijos sin que ellos se los hubieran pedido, pero que es algo que a ustedes les hizo falta o necesitaron?

Por ejemplo, recortar las etiquetas de la ropa, separar los chícharos del arroz, quitarle el jitomate o la cebolla a la torta o sándwich, retirar las aceitunas negras a la pizza, quitarle la cáscara a la manzana o las orillas al pan, ¡uffff!, tantas cosas que, sin pensar y «sin querer queriendo» hacemos porque estamos evitando que nuestros hijos vivan aquello que nosotros recordamos de manera negativa o desagradable y puede que, para ellos, no sea un problema. Habría que intentar, ¿no creen?

En cierto sentido, el hecho de que en su interior sientan que tuvieron carencias, ya sean afectivas o materiales, es algo que les compete solo a ustedes como personas, pero si consideran a su hijo como una personita individual, entonces habría que descubrir cuáles son sus necesidades particulares y tal vez les sorprenda detectar que son distintas de lo que suponían.

Si bien lo que tus hijos necesitan es cubrir sus necesidades, esto no significa que sean las mismas que ustedes buscan satisfacer en ellos. Y si en algún momento no pueden darle a sus hijos algún satisfactor material, esto no representa que lleguen a crearles una huella de abandono y, mucho menos, un trauma.

Cuando educamos desde nuestros faltantes, lo que puede suceder es que a tus hijos les evites situaciones que tal vez les serían de utilidad en el futuro, privándolos de una experiencia que podría definir su personalidad; sin embargo, antes de que esto ocurra, prefieres evitárselos.

Es esencial entender que los seres humanos podemos sentir muchas emociones y una gran variedad de sentimientos, pero tienen que dejar que sus hijos las experimenten, las sientan, las conozcan y aprendan a resolver qué hacer con ellas; si nunca les permiten frustrarse, no sabrán qué hacer cuando esto les suceda.

Si no les permiten estar tristes, tampoco sabrán cómo salir de esa tristeza en el futuro. Todos los seres humanos, en uno u otro momento, vamos a tener que vivir todas las emociones y, en la medida que aprendamos a reconocerlas, nombrarlas y manejarlas, estaremos preparándonos para hacerles frente. Recordemos que la capacidad de gestionar nuestras emociones y comprender las de los demás es el pilar fundamental de la inteligencia emocional.

Vivimos en una sociedad donde nos han enseñado a ocultar muchas de nuestras emociones, que no significa que sean malas sino que la persona que tenemos enfrente no sabe qué hacer cuando nos ve tristes, enojados o frustrados, y me atrevería a decir que, hasta cuando nos reímos a carcajadas, la gente muchas veces nos voltea a ver con extrañeza.

Los niños son auténticos y desde muy pequeños expresan lo que sienten con gestos, palabras o ruiditos para demostrarlo, pero, en lugar de enseñarlos a manejar dichas emociones, les pedimos que las controlen, minimicen o eliminen, hasta llegar a un punto en que ellos mismos empiezan a ponerle «prejuicios» a experimentar y a mostrar dichos sentimientos.

No se detengan en la pregunta: ¿Lo estaremos haciendo bien?

*Deja de preocuparte por lo que puede salir mal
y comienza a emocionarte por lo que puede salir bien.*

ABRAZOS DEL CORAZÓN

¿Lo estaré haciendo bien?, es la interrogante que todos los padres nos realizamos constantemente. Ante esta inquietud no hay una respuesta exacta, porque es una pregunta complicada de responder y solo lo sabrán con el pasar de los años.

Mi sugerencia es que no se «atoren» en esta pregunta —que puede hacerles perder mucho tiempo y energía— y que mejor se enfoquen en entender lo que, en el fondo, buscamos para nuestros hijos.

Entonces, ¿qué buscamos? Ante esta pregunta me atrevería a expresar que un 90% de los padres de familia responden: *Quiero que mis hijos sean felices.*

Como padres tenemos que entender y comunicar, primero con acciones y luego con palabras, que la educación busca CON-vencer y no VENCER. Todos los padres queremos que nuestros hijos entiendan la expresión.

Los queremos felices no debería ser UNA BATALLA en donde alguien gana; lo que nos gustaría es que nuestros hijos realicen todo lo que les pedimos que hagan: cuidarse, ser respetuosos, amables, pensar antes de actuar, disfrutar de la vida, no dañar a nadie y tratar de ser buenas personas, aunque nosotros no estemos presentes. Un ejemplo es cuando invitan a sus hijos pequeños a una casa y, al pasar a recogerlo, les dicen: ¡Qué bien educado está tu hijo, sabe convivir, ayuda, da las gracias y es amable! Al escuchar esas palabras sentirán una enorme satisfacción al saber que su trabajo está rindiendo frutos. Y lo ideal es que nuestros hijos lo hagan así porque están CON-vencidos y no que lo hagan por miedo a un castigo o regaño de nuestra parte y que se sientan VENCIDOS.

Creo que actualmente la mayor confusión que existe es entre el fondo y la forma de educar; muchos de los padres que están educando hijos vienen de generaciones en donde solamente les daban órdenes y no las cuestionaban. Y como no les gustó no poder expresarse, esos padres se han ido al otro extremo, el de la permisividad. La idea es mantener el fondo (educar en honestidad, lealtad, compromiso, respeto, etcétera); pero que no sea de la misma forma en que a ellos los educaron (con miedo, amenazas, gritos, golpes, etcétera). Al no comprender que lo único que se tiene que cambiar es la forma, perjudican el fondo, a tal grado, que hay niños y jóvenes que ya no solo con acciones, sino con palabras también, les **piden a sus padres que les pongan límites.**

Tenemos que entender y trasmitirles a nuestros hijos que no se trata de una guerra entre padres e hijos, sino que es una alianza para sacar lo mejor de cada uno, aunque en ocasiones ellos crean que lo hacemos por molestarlos.

Plantéense los objetivos que quieren cumplir, de esta forma no se saldrán del camino, ni dudarán de el porqué están tomando las decisiones que toman.

Recuerden que, durante muchos años, serán ese piloto que mantenga el control y sea el responsable.

Habilidades que debemos desarrollar en los niños de hoy

Las cosas más importantes en la vida crecen despacio y en silencio.

Anónimo

Es necesario que, como padres de familia, comprendamos que la manera en que nuestros hijos observan y perciben el mundo es muy diferente de la forma en la que nosotros aprendimos a observarlo cuando éramos pequeños. El mundo ha cambiado de muchas formas desde que fuimos niños; ahora que somos padres o educadores debemos tratar de conseguir la manera óptima de que nuestros hijos se desenvuelvan en la sociedad de la cual forman parte.

Aquí la pregunta sería ¿en qué tenemos que centrarnos para poder ayudar a nuestros hijos a integrarse adecuadamente con su entorno? Algunas competencias o habilidades que podemos incluir son las siguientes:

- **Inteligencia emocional.** La inteligencia emocional es la efectiva gestión de las emociones, propias y ajenas. Y las emociones juegan un papel determinante en nuestras vidas, decisiones y motivaciones; además, cuando nos referimos a inteligencia emocional, hablamos de un autoconocimiento. Este nos ayuda a ser dueños de nuestra vida y a tener autocontrol, lo cual hace mucha falta en estos días. Debemos de trabajar en esa parte afectiva que es, hoy por hoy, tan necesaria.

- **Pensamiento crítico.** Con tanta presión social y manipulación, es necesario enseñarles a nuestros hijos a analizar, cuestionar y evaluar a partir de construir un criterio propio con opiniones informadas y fieles a sus principios para la mejor toma de decisiones. Si desde pequeños les enseñamos a generar sus propias opiniones y a argumentar, nuestros hijos sustentarán sus discusiones, pues no perderán el deseo de aprender ni el de analizar, lo cual les otorgará una gran ventaja. La evolución necesita gente que cuestione, investigue, analice y piense correctamente. En estos momentos, donde tenemos tanta información al alcance de la mano y a la velocidad de «unos cuantos clics» es necesario aprender y enseñar a nuestros hijos a cuestionarse, discernir y verificar lo que leen y escuchan. No creer en todo lo que llega a sus sentidos. Se dice que *la información es poder* pero creo que mucha información, sin saber qué hacer con ella, genera solo confusión.

- **Aprender a convivir.** La convivencia sana se da al saberse un ser social por naturaleza y al saber trabajar en equipo. Las personas que trabajan en equipo tienen más oportunidades de desarrollar sus talentos y de aprender. Las sociedades individualistas enferman a las personas porque se atenta contra su esencia y esto va muy de la mano con el *valor de las personas*. Hay que enseñarlos a empatizar, respetar, motivar y saber trabajar con todos. La cultura individualista divide, juntos logramos más.

- **Resolver problemas complejos.** La sociedad ha cambiado tanto en tan pocos años que no sabemos qué circunstancias les tocarán a nuestros hijos, así que tenemos que prepararlos para fortalecer su capacidad de resolución de problemas. Esto les ayudará en su poder de adaptabilidad. Hoy también se habla de *resiliencia* que es «la capacidad que tienen los seres humanos para sobreponerse a situaciones adversas y afrontarlas», pero no porque se adapte a algo, sino porque sabe trasladarla a lo positivo y salir fortalecido.

- **Capacidad de aprender.** Más que el conocimiento, será valorada la capacidad para aprender; es decir, el *cómo*. A este concepto también puede llamársele «aprender a aprender» Actualmente existen especialistas conocidos como «nómadas del conocimiento» o *knowmad* que son innovadores, creativos y quienes trabajan en colaboración con los demás en cualquier lugar y en cualquier momento. Todo esto de la mano de la automotivación y deseo de crecer.

- **Negociar.** Por regla general, hemos crecido con el concepto de «ganar-perder», pero ya no es así: muchas veces perdiendo también se gana, si se sabe negociar. El concepto de «ganar-ganar» significa que no tiene que perder alguien para que funcione y esto es saber negociar porque es la forma más eficaz y respetuosa de llegar a una meta, cuidando la autoestima y la dignidad de los otros.

- **Juicio y toma de decisiones.** Debemos enseñar ambas habilidades a nuestros hijos desde muy pequeños, para que puedan aplicarlas a lo largo de la vida, ya que entre más grandes se aprendan, más trabajo costarán. Estas habilidades consisten en tener la capacidad de pensar antes de tomar una decisión, saber cuáles pueden ser las consecuencias y evaluar si seremos capaces de afrontarlas. Recordemos que *elegir es renunciar* y hoy no se los estamos fomentando a nuestros hijos. En la adolescencia se vuelve una habilidad fundamental y, predominante en la edad adulta, pues se toman miles de decisiones todos los días. Es algo que podemos trabajar continuamente para, al mismo tiempo, trabajar en su tolerancia a la frustración.

- **Creatividad.** Esta es la capacidad máxima de adaptación al medio; se puede potenciar siempre trabajando con su imaginación, la curiosidad, la flexibilidad y el cuestionamiento.

- **Ayudar.** La mayoría de niñas y niños traen ese impulso cooperativo, pero debe ser estimulado y trabajado. En la vida todos debemos tener una misión de servicio que aporte sentido a lo que hacemos. Trabajar en los hijos la orientación de servicio y el deseo de encontrar un sentido a su vida les dará fuerza en sus acciones y también les ayudará a comprender que placer no es lo mismo que felicidad y que quien más recibe al dar, es quien da.

- **Desarrollo de la voluntad.** Esta capacidad les permitirá no flaquear a la primera y no esperar siempre la gratificación instantánea. Les ayudará también a saber esperar (paciencia) y a saber levantarse (fracaso).

Revisemos a continuación los errores más comunes que los padres cometemos al educar a nuestros hijos «sin querer queriendo».

Error #1:
Los papás ceden el control pero los hijos piden límites

No solo eres responsable de lo que haces
sino de lo que no haces, de lo que no defiendes
y de lo que callas.

ANÓNIMO

Una consecuencia de educar desde *nuestros faltantes* —y no desde las necesidades de nuestros hijos— puede consistir en cederles el control, aunque ellos pidan a gritos que se establezcan límites.

No son pocos los casos en los que la familia debe tomar una decisión, por ejemplo, el lugar en el cual pasarán la tarde o dónde comerán y, en muchas ocasiones sin reflexionarlo siquiera, expresan: *Vamos a donde quiera nuestro hijo.* Sea por la razón que sea: para que estén contentos, porque es el único día que les dedican, para que no se aburran o simplemente para que no «den lata»; la razón es irrelevante, aquí lo que importa es que muchas veces los niños ni siquiera han dicho algo, ¡y ustedes ya tienen una respuesta para ellos!

Y esto se repite constantemente: *Vamos a preguntarle a Jorgito dónde quiere comer hamburguesas. Pregúntale a Marianita en qué lugar quiere ir a ver la película. Vamos a donde digan los niños, para que estén contentos.* Esto, en apariencia, es algo inofensivo y no tendría ninguna consecuencia; sin embargo, si reflexionamos adecuadamente, notaremos que estamos delegando a nuestros hijos la toma de decisiones y *sin querer queriendo* estamos cediéndoles el control. Esto podría pasar de vez en cuando, pero tristemente hoy me encuentro con padres que ya les tienen miedo a sus hijos de 5 o 6 años: *No me atrevo a quitarle la tableta o el videojuego o llevarlo a algún lado si no quiere, por miedo a que pierda el control y se ponga muy mal.*

Tal vez en este momento podrías pensar y decir: *Esto es una exageración, pues simplemente le pregunté a dónde quería ir a comer; no le pregunté si quería que compráramos otra casa o si quería que nos cambiáramos de ciudad.* Efectivamente, en apariencia no es una gran cesión de poder; sin embargo, veamos cómo gradualmente vamos cediendo el control, hasta casi perderlo:

- Cuando en la mañana le pedimos a Jorgito que se ponga el uniforme y él no quiere ponerse los tenis reglamentarios, sino los de su personaje favorito y, al llegar a la escuela, se le indica al niño que esos no son los tenis del uniforme, decimos: *¡Pero qué exagerados son en esta escuela! ¡Si solo se trata de unos tenis, no veo en qué pueda afectar esto!*

- Cuando nuestros hijos deben entrenar para un campeonato de básquetbol o fútbol, pero luego de dos tardes nos dicen, con cara de cansancio extremo: *Ya no quiero ir a entrenar, hace mucho calor y me canso mucho* y, en lugar de hacerle comprender que los resultados en la vida se consiguen con empeño y constancia, simplemente decimos: *Pues no quiere ir a entrenar, es que se cansa mucho y, la verdad, no es obligatorio que vaya, así que su decisión fue no ir a entrenar, y yo lo respeto. Además, sus compañeros no lo integran mucho al equipo.* Generalmente llegamos a este tipo de conclusiones porque buscamos justificaciones para sentirnos tranquilos.

• Cuando quieren un celular o una tableta como regalo de cumpleaños por sus cinco años, porque es con lo que más se entretienen —y saben que eso a ustedes les facilita la vida—, justifican que se lo dieron porque los demás juguetes no lo divierten igual y además todos sus demás amigos lo tienen.

• Cuando confirmaron para un evento y de última hora, sus hijos no quieren ir porque prefieren quedarse jugando su videojuego, y a ustedes les da lo mismo que quienes organizaron el evento los hayan contemplado como asistentes y realizado el correspondiente gasto y expresan: *Ay, pues no voy a obligarlos a ir, si no quieren.*

Con casos como los anteriores, *sin querer queriendo*, vamos fomentando en nuestros hijos una actitud de poca tolerancia a la frustración y al rechazo, y nula disposición para seguir las reglas.

A continuación, te narraré un ejemplo de cómo puede gestarse esto desde temprana edad:

Un día estaba comiendo con una amiga en un restaurante, cuando vi llegar a una pareja con un bebé —no tenía más de dos años—. Por delante venía la mamá con su bolsa, una carriola y una voluminosa pañalera. Entrando al restaurante, el mesero le preguntó: «¿Cuántas personas?» Y ella respondió: «Tres personas, por favor.»

El mesero le mostró dos mesas, ella eligió una y poco a poco se acomodó con todo lo que traía. Atrás venía el papá, con el niño de la mano y, al entrar, el mesero nuevamente se acercó; la mamá levantó el brazo para que ubicaran dónde se había sentado y cuando iban encaminándose hacia allá, el pequeño —repito, no tenía más de dos años— jaló al papá y le señaló otra mesa, a lo cual el papá le expresó:

«Pero mamá está allá», e inmediatamente su hijo puso cara de descontento y lo volvió a jalar hacia la mesa elegida por él —también el mesero observaba la escena—.

Al ver la expresión de su hijo, el papá preguntó: «¿Te quieres sentar ahí?», y el bebé sonrió asintiendo. El papá volteó hacia la mamá y le dijo sonriendo, como muy orgulloso: «No se quiere sentar allá, vente para esta mesa».

La mamá se levantó, volvió a tomar trabajosamente todas las cosas que ya había acomodado y se fue hacia la otra mesa. El niñito sonreía por su logro —y creo que yo puse la misma cara de asombro del mesero— mientras escuchaba cómo el papá afirmaba: «No quiso tu mesa y prefirió esta».

En la cara del padre se podía ver una notoria expresión de orgullo, como si dijera: ¡Cuánto carácter tiene mi hijo!

Indudablemente habrá quien diga: *¿Y qué tiene eso de malo? Solo se trata de una mesa.* Si lo pensamos bien, en ese momento quizá no signifique mucho, el niño solamente está buscando su espacio y está aprendiendo a tomar decisiones, pero les puedo asegurar que, así como consiguió cambiar a sus padres de mesa, el niño seguramente toma muchísimas decisiones por encima de lo que quieren sus padres. Se notó inmediatamente que no aceptaba un NO por respuesta.

Tengamos en cuenta que los bebés, los niños y, más adelante, los adolescentes harán lo que les hayas permitido hacer. Su naturaleza, como la de todo ser humano, es tratar de llegar lo más lejos que se les permita y probar hasta dónde pueden hacerlo, pero, posteriormente, esos padres se quejarán o lamentarán ante los comportamientos de su hijo adolescente que no sabe respetar o que no tiene límites.

Lo escucho a menudo con papás de niños de 5 o 6 años, que ya no saben qué hacer con sus hijos porque están en continua disputa. Nos queda claro que tenemos que enseñar a nuestros hijos a decidir, pero también hay que enseñarlos a que no siempre se hará lo que ellos quieren, que hay límites. Que a los padres nos corresponde establecerlos y a los hijos respetarlos. Y créanme que es mucho más sencillo si empiezan por aspectos simples mientras más pequeños sean. Recuerden que durante los primeros años todavía esperan la aprobación de sus padres en todo momento.

El error radica en confundir el «ser independientes» con dejarlos hacer lo que ellos quieran.

¿Qué podemos hacer?

La clave para ayudar a nuestros hijos a saber y poder elegir con responsabilidad, es permitirles tomar decisiones de acuerdo con su edad y la madurez propia de su desarrollo; esto procurará encaminarlos a tomar decisiones graduales hasta, en un futuro, seleccionar qué carrera estudiar o dónde estudiarla. Y seguramente decidirán en función de la realidad en la que viven, porque así lo han aprendido.

Por ejemplo, nuestros hijos deben cumplir con ciertos hábitos de higiene, ya sea asearse las manos, lavarse los dientes o bañarse, y deben realizar las tres actividades. Les doy unos ejemplos de cómo podemos ayudarlos a decidir, en donde la acción, eso que ustedes quieren que hagan, no está a discusión. La elección solo está en la forma.

- *Tienes que lavarte los dientes y bañarte. ¿Qué decides hacer primero?*

- *Tienes que ponerte el uniforme y se nos está haciendo tarde, ¿qué chamarra te quieres llevar: la negra o la café? Ambas son del uniforme. Decide ahora, si decido yo, es la negra. ¿Te decides por la negra o la café?*

- *¿Qué quieres comerte primero: la sopa de verduras o el guisado?*

- *El sábado por la tarde vamos a ir a la plaza a ver la película de estreno, ¿prefieres la versión subtitulada o la versión doblada? Ambas son en la tarde, así que dime qué versión prefieres.*

Todos los ejemplos comparten dos características: no hay autoritarismo y, a partir de un marco de referencia, brindamos libertad a nuestros hijos para que ejerciten la toma de decisiones.

El proceso consiste en que ustedes, padres de familia, serán los guías y proveerán una orientación firme, pero siempre respetuosa. Las acciones no son negociables: cumplir con el aseo diario, vestir la chamarra del uniforme, comer lo que se les sirvan, etc., pero damos a los hijos la oportunidad de decidir, de acuerdo con su edad y grado de madurez.

Esto es parte de establecer límites y tomar la responsabilidad que nos corresponde para guiar a quienes están estableciendo las bases de su educación y de la formación de su criterio.

Es importante que ustedes comprendan que se puede ser flexible, que quizá un fin de semana nuestros hijos puedan decidir qué película se ve, y que aprendan a cooperar con el plan que haya sido el de su elección o de los padres; es cuestión de aprender a convivir en sociedad. Convivir de manera respetuosa y solidaria en el mundo es una práctica que hace falta hoy más que nunca. Se nos ha olvidado que somos seres sociales y que obviamente hay algunas reglas con las cuales no estamos muy de acuerdo, pero todas existen para garantizar estructura y civilidad. Sin embargo, me encuentro con chicos que cuestionan todas las reglas (en la escuela, por ejemplo) y que son respaldados por sus padres, aunque esos padres hayan sido los que decidieron inscribirlos en dicha escuela.

Recuerdo que hubo un caso muy sonado de un chiquito de cuatro años, que no quería cortarse el cabello; él lo quería largo y la mamá «respetuosa de los deseos y gustos de su hijo» —así lo comentaba ella— decidió que, si él lo quería así, entonces no se lo iba a cortar. Pasado un tiempo, en el colegio le pidieron que le cortara el cabello al niño porque en su reglamento estaba que los niños debían acudir con el cabello corto. La mamá se quejó de discriminación porque la escuela no respetaba que su hijo no quisiera cortar su cabello.

El punto de este ejemplo no es estar de acuerdo o no con la mamá o el niño, el punto es que la mamá escogió una escuela que indicaba en su reglamento que los niños debían llevar el cabello corto y decidió inscribirlo ahí, pero cuando le pidieron seguir el reglamento, ella interpuso una demanda cuando pudo haber hecho una elección diferente y optar por una escuela acorde con la personalidad de su hijo.

Creo que es aquí donde perdemos el rumbo. Esto quizá pueda parecerte exagerado, pues *¿qué más da que el niño lleve el cabello largo, si lo que debe importarles en la escuela es que aprenda?* Esto lo he escuchado en múltiples ocasiones, pero no olvidemos que, en todo hogar, institución, empresa y en toda sociedad hay reglas por seguir, porque es la manera en que podemos convivir.

Por fortuna hay un amplio abanico de escuelas que colocan el foco de la educación en uno o en otro aspecto; escuelas en las que las reglas son muy estrictas y otras en las que hay mayor libertad, escuelas religiosas y otras que son laicas, y el enfoque pedagógico en todas es distinto. Nos toca a los padres estudiarlas, compararlas y advertir cuál sería ideal para la personalidad de nuestros hijos. Solo así evitaremos la incongruencia de no secundar la aplicación del reglamento de un colegio cuando vaya en contra de los deseos de nuestros hijos. No olvidemos que los padres debemos hacer equipo con la escuela si queremos que la educación funcione.

Vale la pena reflexionar en qué aspectos de la educación de nuestros hijos no estamos siendo congruentes porque *sin querer queriendo* esto puede hacernos perder el Norte y la claridad de hacia dónde nos dirigimos.

Aquí algunas recomendaciones:

1. No olviden que los hijos necesitan unos padres, no unos amigos; eso vendrá por añadidura con los años.

2. Educar implica un compromiso en donde se involucran todos sus sentidos y no hay proyecto más importante que sus hijos. A veces tendrán que sentarse, tomar aire y seguir, pero NUNCA desistir.

3. Ellos continuamente probarán hasta dónde pueden llegar, y ustedes tendrán que aprender en qué momentos ser firmes y en qué momentos ceder. Según la edad de sus hijos, brinden la explicación necesaria, ni más ni menos, solo la suficiente; el que ellos tengan la oportunidad de exponerte sus puntos de vista no significa que van a decidir.

4. Dejen claras las «líneas rojas» en las que no son flexibles; lo que no pasarán por alto, por ejemplo, que no aguantarán que les digan mentiras, porque ahí se rompe toda la confianza.

5. Nunca pierdan el foco. La educación pretende sacar lo mejor de cada persona y, en este caso, les toca hacerlo con sus hijos.

6. Poner límites ofrece más ventajas de lo que se imaginan; cuando crean que no pueden, acuérdense de cómo se sentirían en un lugar en donde nadie los ayuda, los orienta o los guía y vuelvan a retomar el control.

Error #2:
No darles estructura puede ocasionarles frustración en el futuro

Si no te gusta lo que cosechas, analiza
y cambia lo que siembras.

ANÓNIMO

Si no llegamos a comprender que los niños necesitan de una estructura, conocer de límites y respetar las normas, vamos camino a formar «tiranos»; es decir, niños mal educados, acostumbrados a hacer su voluntad, que no miden riesgos, que no tienen sentido del respeto por los de su edad y menos por los adultos (aquí incluidos los padres, sus maestros, los abuelos y cualquier adulto a cargo de ellos).

Amamos a nuestros hijos con gran fervor y no podríamos imaginar que darles amplia libertad pudiera generarles tanto mal. En mi primer libro, *Edúcalos para que los demás los quieran, porque tú ya los quieres como son*, explico que somos capaces de tolerar y permitir en nuestros hijos ciertas actitudes y comportamientos que no toleraríamos en otros niños; pero que nuestra ceguera parental nos impide detectarlo. Bueno, esa tolerancia y permisividad la tenemos nosotros porque los amamos, no esperen que el resto del planeta no reaccione ante un tirano. ¿Queremos que el mundo odie a nuestros hijos? ¿Deseamos que nuestros hijos vivan frustrados porque el resto del mundo no complace sus deseos?

Niños sin marcos de referencia o límites son adolescentes o jóvenes con nula tolerancia a la frustración, poco flexibles, altamente ansiosos, demandantes de atención inmediata que no controlan su carácter si las cosas no se resuelven a su manera.

Claramente la madurez se desarrolla poco a poco, con el fortalecimiento de valores y actitudes, y esto es gradual. A los niños se les debe instar a que desarrollen la perseverancia y el respeto (entre otros muchos valores), mientras son niños y podemos moldearlos. Solo trabajando así, cuando se integren a un mundo que les exija otra clase de resultados, podrán ser mujeres y hombres de bien que saquen el mayor provecho de sus estudios profesionales, se sientan satisfechos con los empleos que tengan y formen familias en donde ellos cuenten con herramientas que los encaminen también a ser buenos padres.

Usemos un péndulo como metáfora para representar en uno de los extremos al autoritarismo total en la educación —sin posibilidades de expresión, sin libertad y sin democracia— y en el otro extremo el permisivismo —con escasos límites, sin orientaciones, marcos de referencia y cesión del poder de los padres a los hijos—.

Evidentemente, ninguno de los extremos es lo óptimo; sin embargo, por mi experiencia en consulta, tiendo a pensar que el péndulo está inclinado hacia el segundo extremo, el de los límites que no resultan precisos y el de la falta de autoridad para con los hijos.

Muchas veces esto sucede por pensar en la connotación negativa que se le da a la palabra «autoridad». Creemos que la autoridad implica ser implacable, escasamente tolerante, poco cariñoso, extremista, gritón e, incluso, mal padre.

Autoridad significa ser la persona que está a cargo, un eje para nuestros hijos, una figura sólida que los guía y alguien que les da estabilidad, confianza y tranquilidad; recordemos que nuestros hijos ven cómo funciona la vida, durante sus primeros años, a través de nuestras acciones y aprenden de lo que decimos pero mucho más de lo que hacemos. Como padres debemos procurar ser esa autoridad positiva, saber ejercerla, y no olvidar que el respeto a la autoridad se gana con base en el amor y el ejemplo.

Hace algunos años en muchas familias la regla era: «Está prohibido que los niños digan una opinión o que interrumpan una plática de personas adultas». Y si vivieron en una familia así, seguramente les pasó que involuntariamente emitieron una opinión, se rieron de algo o externaron lo que no les parecía. A ello no tardó en llegar una mirada de desaprobación por parte de nuestros padres e incluso una sanción más fuerte como ¡*Vete a tu cuarto, esto es una conversación de adultos!*, vaya que calaba hondo en nuestros sentimientos. Entonces no comprendíamos muy bien por qué no podíamos expresarnos. Nos juramos que con nuestros hijos jamás haríamos algo así, pues era completamente injusto recibir un regaño o un castigo por expresar una opinión.

Y efectivamente, hoy muchos padres han cumplido lo que se prometieron: *Mis hijos tienen toda la libertad de expresar lo que sienten o piensan.* Se justifican diciendo: *No voy a repetir el mismo patrón que usaron mis padres y que tanto dolor me causó o que hizo que yo no tuviera la confianza de decir lo que pensaba. Mis hijos pueden hacerlo en cualquier lugar, en todo momento y frente a toda la gente.*

Vean cómo nos casamos con la intención de no repetir los mismos patrones con los que fuimos educados desde nuestros faltantes. Evidentemente, no es agradable que te repriman y parece injusto —y ante nuestros ojos lo era—. Pero no resolver esa carencia y empeñarse en sanarla desde la permisividad con nuestros hijos no es ninguna buena idea.

Si lo piensan bien, no podemos ir todo el tiempo diciéndole a la gente lo que estamos pensando de ella o interrumpir una junta de trabajo para expresar que tenemos hambre. Cuando los hijos crecen creyendo que pueden expresarse en cualquier lado, en realidad estamos formando adultos sin autocontrol que no tienen filtros para decir las cosas, que opinan porque pueden y no porque saben, y que no tienen la más mínima idea de cuándo es apropiado hacerlo.

Darles estructura a los hijos es enseñarles que deben decir lo que piensan con plena conciencia de cómo, dónde y de qué manera lo expresan. Es enseñarles a formar su criterio, a saber que pueden o no estar de acuerdo con algo, pero para hacerse escuchar no necesitan gritar o golpear, solo tener argumentos para defender lo que piensan y para que los ayuden a una mejor toma de decisiones.

La estructura de un niño no se forma de la noche a la mañana, por eso es que dependen tanto de nosotros para establecer los cimientos de su marco referencial de opiniones y creencias. Ellos nos observan, escuchan y experimentan para hacerse de más conocimiento. ¿Qué podemos hacer para ayudarles?

1. Desde muy pequeños traten de establecerles rutinas y asignarles horarios y tareas a realizar; las rutinas ayudan a generar estructura.

2. Permítanles que cuestionen por qué existen ciertas reglas en ciertos espacios. Esto ayudará a comprender que las normas nos ayudan a convivir en sociedad.

3. Cuando establezcan ciertas normas o reglas en el hogar, involucren a sus hijos para que se sientan tomados en cuenta y puedan escuchar qué piensan al respecto de ellas.

4. Que aprendan no solo a quejarse, sino también a proponer cómo mejorar lo que les provoca una incomodidad.

5. Que otros rompan las reglas no significa que todos debamos romperlas. Es una máxima que deben aprender.

Tratar de no repetir la forma en la que nuestros padres nos educaron, es una forma de perder el foco de lo importante; recuerden que, lo que no nos gusta es «la forma» pero «el fondo» es el correcto. Solo habría que cambiar lo primero.

Error #3:
Hacemos que nuestros hijos vivan expectativas o etapas que no les corresponden

Sobre cada niño se debería de poner un cartel que diga:
Trátese con cuidado, contiene SUEÑOS.

ANÓNIMO

Que los hijos vivan etapas que no les corresponden sucede más a menudo de lo que nos imaginamos, porque *sin querer queriendo* ponemos expectativas en ellos y queremos que se adelanten a la etapa que les corresponde vivir.

Desde la gestación estamos pensando un paso más adelante con respecto a la vida de quienes todavía no nacen. Que sí serán esto o aquello, que si harán esto o lo otro, que sí tan pronto como corran los inscribimos aquí, que si queremos que estudien acá, que ojalá quiera tener muchos hijos para que nos dé nietos, etcétera.

¿Por qué queremos que crezcan tan rápido? ¿Por qué queremos perder detalles de cada maravillosa etapa de la vida si, además, la niñez pasa en un segundo? Piénsenlo. ¿Cuántos años dura la infancia? ¡Ya tenemos suficiente con toda la estimulación que reciben constantemente de afuera! Mejor procuren que jueguen mucho, que se rían de cosas simples, que repitan una película una y mil veces hasta que se sepan los diálogos de memoria, que disfruten de las flores, que quieran brincar en los charcos, que trepen las resbaladillas y griten para que volteen a verlo en la cima, que pregunten el porqué de las cosas, que lean cuentos, que imaginen, que coloreen, que se disfracen, que besen, que abracen y que quieran encontrar respuestas fáciles para los problemas más difíciles, como debieran ser los niños.

Gradualmente enséñalos, según su edad, a hacerse responsables, delegarles obligaciones, para que poco a poco asuman la libertad que puedan manejar. Recuerden que seguimos siendo ese piloto que conduce el auto, hasta que ellos tengan la capacidad de conducir.

Luego entrarán en la pubertad y la adolescencia, en donde también nos necesitan, pero ellos necesitan probar, conocer e investigar, y nosotros continuar ahí para poder acompañarlos y ser responsables. Recuerda que los cerebros de los adolescentes todavía están en formación y la mayoría de sus actos estarán regulados por las emociones debido a que el área de la amígdala, en donde se encuentran las emociones, tiene muchas conexiones sinápticas, y el lóbulo prefrontal, que es el que se encarga de las funciones ejecutivas tales como la toma de decisiones, el juicio, la empatía y el control de impulsos, sigue desarrollándose.

Ellos aquí probarán riesgos o peligros y no necesitan que nosotros les fomentemos esto facilitándoles una película o un videojuego que no es para su edad o, peor aún, ofreciéndoles alcohol porque «mejor en casa que afuera». Pues ni en casa con ustedes, ni afuera con amigos. Sencillamente no están listos.

Con esto no te digo que no vayan a hacerlo o no lo intenten a escondidas, pero nuestra labor no es la de alentarlos; por el contrario, estamos ahí para prepararlos, advertirles, contenerlos y guiarlos.

No hagamos que nuestros hijos vivan experiencias que no les corresponden, respetemos su edad y su proceso de maduración.

Tengo una anécdota en la que ni orillada por circunstancias extremas, resultó buena idea hacer que un hijo viviera cosas que no le correspondían:

Conocí a una mamá a quien le diagnosticaron una enfermedad terminal cuando su hijo nació y no le daban mucho tiempo de vida; sin embargo, contra todos los pronósticos, después de doce años la mujer continuaba con vida, aunque una de sus mayores preocupaciones era no tener el tiempo suficiente para preparar a su hijo para la vida; por ejemplo, enseñarlo a usar un transporte público, platicar con él cuando tuviera una novia, darle consejos, acompañarlo cuando estuviera estudiando una carrera o tratar de encaminarlo en la existencia porque, reitero, sabía que el tiempo se le acababa.

La señora procuraba, a pasos agigantados, que ese niño de siete u ocho años aprendiera lo que se aprende a los doce o a los quince porque ella no quería perder el tiempo, hasta que un día abrumó tanto al niño que este se enojó y le reclamó, preguntándole por qué no le dejaba vivir una vida igual que todos sus amigos y por qué le exigía tanto.

Acto seguido, el niño se salió de su casa sin permiso y como la mamá estaba en silla de ruedas, no pudo salir tras él. El niño regresó como a las dos horas y ella lo regañó duramente y le dio una bofetada.

No podía dejar de sentirse mal por el incidente y me dijo que estaba muy preocupada porque estaba exigiendo más de lo normal a su hijo, pero no sabía qué hacer. Su intención en el fondo era buena, quería dejarlo lo mejor preparado para la vida antes de morir; pero las cosas se le habían salido de control.

Este relato nos muestra que la historia de cada uno de nosotros es muy diferente; la vida nos enfrenta a diversas circunstancias por distintas razones y esa será parte de nuestra historia, pero luego de leer esta pequeña narración, se darán cuenta de que lo que más agobiaba a esa mamá era el poder preparar a su hijo con herramientas para la vida para cuando ella no estuviera.

Sin embargo, *sin querer queriendo* no lo estaba dejando experimentar lo que tenía que vivir en su etapa.

Como padres de familia es importante que visualicemos el futuro de los hijos, ya que esto nos dará una perspectiva más amplia, pero nunca olvidemos que cada etapa tiene un proceso.

Cuando analizamos claramente lo que queremos para nuestros hijos, es que ellos sean capaces de disfrutar su vida y que sean buenas personas. Y generalmente eso no se puede comprar; la mayoría de esos beneficios intangibles, se enseñan con nuestro **estar, acompañar, escuchar** y particularmente con **dar el ejemplo**.

Las preguntas serían entonces: ¿En qué nos estamos concentrando? ¿Qué legado queremos dejar realmente a nuestros hijos? ¿Cuánto tiempo de calidad destinamos a formar a nuestros hijos?

Y así podrás responder a estas preguntas: ¿Qué habilidad puedo ayudarle a desarrollar? ¿Qué fortaleza hay que potenciar? ¿Qué áreas de oportunidad tiene? ¿Qué es capaz de hacer sin mí?

Algunos puntos para recordar:

1. Conocer la etapa por la que atraviesan los hijos es fundamental, así sabremos qué son capaces de hacer y las exigencias serán de acuerdo con su edad y etapa de desarrollo.

2. Recordar que cada etapa tiene un proceso tanto físico, como psicológico y emocional, y de nada sirve tratar de «anticipar» momentos; es mejor dejarlos disfrutar y vivir lo que les corresponde.

3. No hacer comparaciones; aunque existan ciertos estándares dentro de una generalidad es importante respetar el desarrollo individual de cada de nuestros hijos, no todos hacen lo mismo en el mismo momento, cada uno va desarrollándose a su tiempo y ritmo.

4. Respetar las etapas de tu hijo no significa que no hables sobre temas que puedan abordarse más adelante, aunque deberá hacerse según la edad y cubriendo las dudas que tengan. Aprendamos a preguntar.

5. Hay etapas que pueden ser más complicadas, pero todas pasan y de un momento a otro, ese bebé que no nos dejaba dormir por las noches, quizás hoy nos desvela porque se va de fiesta. Así pasa la vida y es mejor disfrutarla.

Error #4:
Las redes de apoyo entre padres se han esfumado

Solo hay dos legados duraderos que podemos
dejar para nuestros hijos.
Uno de estos son raíces; el otro, alas.

HODDING CARTER

Educar a los hijos, sin lugar a dudas es desafiante, pero no más que saber cultivar un hábito saludable, permanecer en un empleo, cuidar y mantener amistades e, incluso, encontrar pareja; y todo educar requiere de observación, conocimiento y constancia.

Sin embargo, después de tantos años dedicándome a la educación, he podido comprobar que un aspecto que casi ha desaparecido es la responsabilidad compartida entre todos los padres de familia, yo les llamo «redes de apoyo» para estar al tanto no solamente de tus hijos, sino incluso de los hijos de tus amigos, vecinos y conocidos, apoyándolos, orientándolos y protegiéndolos.

Estas redes de apoyo mantenían códigos no escritos de solidaridad y mutuo esfuerzo que ayudaban en la educación de los hijos; por ejemplo, si detectaban que los niños estaban realizando una conducta grosera en la calle como bebiendo, realizando algo peligroso o generando desorden, entonces hablaban con los papás de dichos niños y estos padres lo veían como una ayuda para poder educar a sus hijos, y era un esfuerzo compartido e incluso agradecido.

Y nosotros, como hijos, sabíamos que el vecino, la tía, los maestros, la conocida de mis padres o el señor de la *tiendita* podían advertirles a nuestros papás si nos veían haciendo algo indebido o peligroso. Sabíamos que era como tener ojos por donde fuéramos porque los adultos se comunicaban entre sí.

Esas redes de apoyo se han esfumado. La regla de ayuda entre papás se ha vuelto invisible y esto puede quedar de manifiesto cuando un padre de familia llama a otro por teléfono para avisarle que su hijo menor de edad está ingiriendo alcohol en la calle y, para su sorpresa, recibe la respuesta de que ¡fue precisamente dicho padre de familia quien le autorizó beber, que está perfectamente al tanto del comportamiento de su hijo y que le agradecería que no se entrometiera en la vida de otras personas!

Expresado de otra manera, el código aceptado y promovido por todos los papás de que «los niños no beben alcohol», ahora se ha vuelto relajado o laxo, dependiendo del criterio de cada familia. Y, como este, muchos más.

Este factor puede hacer que nuestro trabajo se duplique o triplique, ya que el esfuerzo antes se repartía entre los abuelos, los maestros y los vecinos, y ahora los debemos cuidar solos de múltiples flancos, ya que los padres de familia manejan un criterio particular, por lo que todos nos movemos en nuestra propia dirección. Por ello escucho a muchos padres utilizar la expresión: *Siento que estoy nadando contracorriente.*

Las redes de apoyo entre padres de familia deberían buscar unificar criterios, sin que esta propuesta de educación sea impositiva, en el sentido de pretender que todos vayamos en la misma dirección —lo cual sería una auténtica utopía—, pero sí tratar de reconocer que los aspectos fundamentales de la educación deben prevalecer al margen de las modas, las tendencias, las épocas e incluso las nuevas tecnologías. Es decir, lo esencial no cambia, aunque nos encontremos en épocas diferentes: la bondad es la bondad, el respeto es el respeto e igual ocurre con la compasión, la ternura y todos los valores. Y cabe aclarar que al hablar de valores no estamos refiriéndonos a algo religioso o espiritual, sino a los valores universales, ya sea la lealtad, el compromiso, la puntualidad, el respeto, la honestidad, la valentía, la amistad, etcétera.

Sin querer queriendo se han promovido diversas actitudes contradictorias en la formación tanto de niños como de adolescentes y de esta manera se han anulado las redes de ayuda entre la sociedad.

Veamos un ejemplo en donde las redes de apoyo entre padres de familia fueron de gran ayuda en una situación.

Me enteré del caso de una niña que era agredida por una compañera de su clase; pero la agredida no comentaba nada en su casa, se lo guardaba y aguantaba los malos ratos y empujones callada. Llegó el momento en que esto fue tan evidente, que sus compañeros de escuela lo comentaron en sus casas. Solo una mamá se atrevió a llamar por teléfono a la mamá de la niña agredida para comentárselo y aunque con incredulidad y sorpresa, la mamá tomó cartas en el asunto. Aún así la niña no lo quería aceptar. Por miedo, por parecer chismosa o solo sentirse culpable por lo que le sucedía, la niña aguantaba. Había puesto por encima de todo su deseo de ser aceptada y pertenecer. La *chica bully* formaba parte del grupo al cual la niña agredida quería entrar.

Priorizar la aceptación frente a las agresiones, entre los adolescentes, es más frecuentemente de lo que pensamos. Pero este ejemplo muestra claramente como una red de apoyo entre adultos (padres, tutores y/o maestros) puede ayudar a que ayudes a tus hijos.

Conforme los niños crecen, la mayoría no suele informar en su casa lo que les ocurre a ellos o a otros compañeros, por eso es necesario que entre los padres y madres de los amigos de sus hijos, traten de hacer una red de ayuda —no para juzgar ni para crear chismes— sino para ayudarse pensando que si fuera el hijo de alguno de ustedes el que atravesara por una situación difícil o peligrosa, quisieran que alguien se los dijera.

Ante la pregunta ¿Qué es lo que buscamos? o ¿Para qué nos serviría una red de apoyo?, te planteo una situación para que tratemos de entender.

Una señora vio al hijo de su amiga drogándose en la puerta del colegio. La señora sabía que algo tenía que hacer; por un lado, el niño necesitaba ayuda y por otro lado, si el colegio se enteraba, el estudiante podía ser reportado y suspendido definitivamente. Durante días ella no supo si decírselo o no a la mamá del chico, le daba temor que la señora se molestara, se ofendiera o no le creyera, pero pensó: —Si mi hijo fuera el de la situación, me gustaría que me lo dijeran—. Y así lo hizo. Lo que sucedió fue que la mamá del adolescente en cuestión se molestó y le expresó que eso era imposible y que era un chisme que habían inventado, porque le tenían envidia a su hijo.

La mamá que fue testigo de una situación de alerta habló con plena conciencia de la importancia de las redes de apoyo y al margen de las reacciones de los demás. Observemos que aquí lo más importante es que ustedes, los padres de familia, no lo tomen personal; lo importante es tratar de ayudar a sus hijos. Nunca faltará quien haga comentarios malintencionados o falsos, pero lo más importante es primero poner el foco en ayudar a sus hijos, atender los comentarios y sobre la marcha determinar si es falso o nos hicieron un favor tratando de ayudar.

A continuación algunas sugerencias para crear redes de apoyo:

1. Buscar espacios de convivencia que estén cercanos a nuestros valores y expectativas como familia.

2. Involúcrense, no importa la edad que tengan sus hijos, esfuércense por conocer a sus amigos y si es posible a sus padres.

3. Aunque no les guste la vida social, acudan a los eventos de la escuela, es una manera de conocer y ver la conducta de nuestros hijos en otro ámbito.

4. Hablen con su círculo más cercano y muéstrenles su apertura para que los apoyen si ven algo preocupante en sus hijos.

5. Si les comunican una situación (por más dura que sea), enfóquense en apoyar a sus hijos y no en el qué, por qué o quién se los dijo.

Error #5:
Darles mucho les enseña poco

Se murió una plantita de tanto que le daba agua.
Y entendí que dar de más, aunque sea algo bueno,
no siempre es lo adecuado.

ANÓNIMO

Hoy día los papás facilitamos mucho la vida a nuestros hijos y esto genera una gran satisfacción en el corto plazo, pero no a largo plazo porque, solamente fortaleciendo los hábitos constructivos, se desarrolla un sentido de vida: hacia dónde voy, qué quiero y qué busco.

Cuando nuestro foco no está en ello y nuestros hijos siempre reciben lo que desean apenas lo solicitan, se crece con una escasa comprensión del orden de la vida. Los padres debemos detectar cuándo los hijos necesitan esforzarse y no solo darles —en ocasiones sin que siquiera lo pidan— todo aquello que desean.

Sin embargo, en nuestro afán por cumplir con ser «buenos padres», nos esmeramos en que nuestros hijos no lloren o no sufran, haciéndonos sentir que de lo contrario seríamos «malos padres».

Uno de los errores más comunes es creer que la calidad de vida de los hijos va a ser mejor si se les concede TODO y no es así, debemos entender que se aprende viviendo y que si viven la vida por sus hijos, estos no comprenderán que hay cosas por las que vale la pena esforzarse.

Estamos en una época en la que todo es inmediato porque nos genera placer, pero debemos trabajar en fortalecer las gratificaciones. Estas serán mayores si el resultado se da tras un esfuerzo realizado, serán más a largo plazo y dejarán mayor satisfacción.

Fortalecer su voluntad es algo que hemos olvidado; es necesario enseñarlos a tener paciencia, desde realizar una larga fila y saber lo que es la espera, hasta plantearse objetivos a corto, mediano y largo plazo.

Los niños siempre van a exigir en la medida en que lo vayamos permitiendo; si piden y lo obtienen inmediatamente, seguirán pidiendo, por lo cual es necesario trabajar en la «autorregulación», pues todo va muy de la mano de conocer emociones y aprender a manejarlas.

Llegados a este punto, yo te preguntaría: *Si tu hijo está enfermo y necesita tomar una medicina que sabe amarga, ¿no se la darías porque sabe feo y él reclama que no la quiere tomar?* Generalmente, cuando hago esta pregunta a los padres, exclaman: *¡Ah, eso es diferente! ¡La medicina es necesaria, lo otro es opcional!*

Desde mi óptica, el hecho de darle una medicina a un hijo para que mejore, es muy similar a cuando se le tiene que educar para que respete ciertos valores, hábitos y comportamientos. Lo hacen porque les va ayudar, diríamos los padres: *por su bien* y en esto debe imperar la intuición y el sentido común. Por ejemplo, si sus hijos llegan a la casa de otra persona, deben saludar. Si necesitan algo, deben pedir las cosas por favor, aunque no les guste.

Hoy me encuentro con niños que tienen mejor modelo de teléfono que sus padres, porque los propios papás comentan que cuando iban a comprar uno, y ofrecieron X modelo, el niño o adolescente contestó: *Si me vas a dar eso, mejor no me des nada. Yo quiero el más nuevo, ese es el que todos mis amigos tienen.* Y los papás, no sé si por cumplir a sus hijos los caprichos o por no sentir que no les dan al mismo nivel que otros padres dan, pues acceden a realizarles casi cualquier deseo.

No caminemos hacia formar niños o jóvenes que han perdido la noción del esfuerzo, que cuando rompen algo contestan: *No importa, me compran otro.* Aquí no se trata de si pueden o no comprar otro artículo o dispositivo, se trata de entender que dar todo a nuestros hijos les hace perder deseos y motivaciones.

Conozco a padres de familia que trabajan incansablemente por darle un mejor nivel de vida a su familia y que, cuando los hijos crecen, les avergüenza decir en qué trabajan sus padres. Por más ingrato que parezca, sucede muchas más veces de las que quisiera enterarme.

Un día una mamá me contó que, cercana la Navidad, les pidió a sus hijos que hicieran su carta para los Reyes Magos y uno de ellos hizo una larga lista mientras el otro solo pidió una piedra lunar. Sí, una piedra lunar, porque él es fanático del universo y las estrellas.

Cuando la mamá leyó las cartas no le dijo nada al que había pedido mucho (le parecía que era demasiado pero no le dijo nada); por el contrario, se volteó con el que había pedido la piedra y preguntó: *¿Una piedra, estás seguro?* Y el niño contestó: *Sí.* Varias veces la mamá le preguntó: *¿Seguro?* Y él volvía a contestar que sí. Una de las preocupaciones más grandes de la mamá era que el niño al recibir una piedra, y viera todos los regalos del hermano, se sintiera decepcionado y por ello insistió varias veces en que hiciera otra petición, pero no, solo la piedra. Finalmente llegaron los Reyes Magos que lograron conseguir en una tienda algo que se asemejaba a una piedra lunar, tratando de cumplir el deseo.

Y así fue. El niño recibió una piedra lunar y fue el más feliz. La mamá descubrió que su hijo no necesitaba más, pues eso era lo que realmente deseaba.

Sin embargo, muchas veces los papás los llenamos de tantas cosas que no los dejamos «desear» o actuamos desde lo que nosotros pensamos y sentimos, todo esto se verá reflejado cuando sean adolescentes y, por supuesto, en la adultez.

Ser un padre complaciente no establece ningún fin educativo; solo cumple con satisfacer el deseo del otro y, un adulto que complace, no tiene presente o claro lo que su hijo NECESITA. La mayor parte del tiempo complacemos por culpa, miedo, presión social o por simple comodidad. Complacer, cuando no premia el buen trabajo o el esfuerzo, surge desde el miedo, no del amor.

Para verlo desde otra perspectiva, un día conversé con un padre de familia, quien me relató:

«Cuando yo era chico todos mis amigos comenzaron a tener coche y yo le pedí a mi papá que me comprara uno y solo me contestó: *Yo jamás te voy a comprar un coche, te puedo prestar el mío, pero nunca te compraré uno*».

«Recuerdo que en ese momento me enfurecí con mi papá porque yo sabía que él tenía la posibilidad de comprarme un coche. Me enojé muchísimo, lloré, me encerré en mi cuarto y no entendía razones, solo pensaba que era malo y que no me entendía. En ese momento decidí, por orgullo, que empezaría a ahorrar para poder comprarme mi propio coche; pasado un tiempo lo logré, me sentí orgulloso y además me inundó una satisfacción personal enorme. Claro que en ese momento no entendí a mi papá y seguí pensando ¿por qué no me ayudó?, pero con los años se convirtió en algo de lo cual le estaré eternamente agradecido. De esa situación aprendí que no todo lo que se quiere se tiene, así de fácil; aprendí a luchar por lo que quería, aprendí a ahorrar y aprendí que era capaz, y a la distancia comprendo que, el hecho de que mi padre no me diera ese coche, me dio mucho más».

Recuerden: No dar todo enseña mucho más. No se trata de sacrificar todo, se trata de enseñar a nuestros hijos a plantearse sueños, objetivos, metas y a luchar por cumplirlos, y no solamente a esperar que todo llegue simplemente por pedirlo.

Aquí algunas recomendaciones:

1. Enseñen a sus hijos a esperar; no todo se obtiene en cuanto se pide. Fortalezcan su paciencia y tolerancia.

2. Pregúntense si tienen clara la diferencia entre lo que sus hijos necesitan y lo que quieren, pues esto es la clave para no darles todo lo que pidan. Todos *necesitamos necesitar*. Aprende a decir «no». Aunque a veces parezca que son los únicos que lo dicen, poco a poco descubrirán que hay más padres como ustedes.

3. Analicen por qué les dan a sus hijos todo sin antes pedirlo; puede que estén respondiendo más a satisfacer sus necesidades —educar desde sus faltantes— que responder a las de ellos.

4. Prediquen con el ejemplo y cuando se trate de ustedes también procuren preguntarse: ¿Lo quiero o lo necesito? Esto ayuda mucho a saber el porqué y para qué están comprando. A veces será: *Porque me gusta, porque trabajé para comprármelo* o *porque ahorré para conseguirlo*. Y no está mal, pero el solo hecho de hacernos la pregunta nos enseña a reflexionar qué buscamos.

5. No olviden que sus hijos van a seguir pidiendo entre más les den; es naturaleza humana. *Quiero, obtengo y más quiero,* pero al darles todo lo que piden, lo único que conseguiremos es que nunca queden satisfechos.

6. Pongan en marcha un proyecto a corto, mediano o a largo plazo, según la edad de sus hijos, y acompáñenlos en el camino, motivándolos a que no desistan y, cuando lo logren, vivan con ellos la enorme satisfacción de haber conseguido algo con esfuerzo, dedicación y paciencia.

Error #6:
Al sobreproteger a nuestros hijos les hacemos daño

Cada vez que les sobreprotegemos
les quitamos los anticuerpos ante su futuro.

ANNA MASCARÓ

La sobreprotección es una línea delgada entre ser padres pendientes de sus hijos y ser padres que quieren vivir la vida de sus hijos, cuidarles sus pasos, sus pensamientos, sus palabras y, por supuesto, evitarles todo tipo de sufrimientos.

¿Qué significa sobreprotección? La respuesta es «hacer por tu hijo lo que podría hacer por sí mismo».

Uno de los errores más comunes es creer que la calidad de vida de los hijos va a ser mejor si se les concede TODO y no es así; debemos entender que se aprende viviendo y que, si viven la vida por sus hijos, ellos no comprenderán que hay cosas por las que vale la pena esforzarse.

Por ejemplo, recuerdo que cuando daba clases a niños de preescolar, un día me tocó llevarlos de excursión, pero la mamá de uno de ellos se empeñaba en que la nana fuera a la visita con nosotros, pero eso no estaba permitido por las reglas del colegio. En ese momento yo estaba a cargo de un grupo de doce niños a los que les pedí, antes de entrar a la visita, que escucharan ciertas normas que teníamos que respetar para poder disfrutar de aquella mañana; eran normas simples como: *Todos vamos juntos al mismo lugar* (en grupo), incluso en una fila de dos en dos para que fuera más sencillo; *nadie puede ir al baño solo y sin pedir permiso, y siempre deben estar pendiente de su pareja, para así cuidar uno del otro.*

Estas reglas sencillas nos ayudarían a estar seguros y poder disfrutar el paseo. Cuando comenzamos, este niño que estaba acostumbrado a tener alguien que siempre lo siguiera (la nanita) por supuesto que se separó de la fila, no siguió ninguna instrucción y en más de una ocasión se distanció de nosotros, se dirigía a donde quería sin siquiera tener miedo a perderse o darse cuenta de que ya no estaba cerca del grupo; incluso llegó a quitarse el suéter mientras caminaba y así como se lo quitaba caía al suelo porque sabía que alguien vendría detrás de él para recogerlo; pero repito, la nana no estaba ahí para hacerlo. Me pareció increíble descubrir que un niño de 5 o 6 años no fuera capaz de cuidarse a sí mismo, porque sabía que siempre habría alguien que le solucionaría el problema. Más que enojarme, me entristeció la situación de dependencia para hacer actividades que a su edad ya debería saber hacer.

Generalmente la sobreprotección genera el resultado opuesto de lo que esperaríamos, porque puede provocar grandes dificultades y traer influencia negativa en la educación, ya que los hijos no aprenden a resolver problemas, a pensar en soluciones, a analizar situaciones ni a adquirir responsabilidades. Hoy las consecuencias se ven reflejadas en las cifras alarmantes de adolescentes con depresión, así como en el aumento de suicidios en jóvenes de entre 15 y 19 años.

Cuando resolvemos continuamente la vida de nuestros hijos —incluso sin que ellos nos lo pidan— les estamos enviando entre líneas un mensaje muy doloroso: *Lo hago por ti porque no te creo capaz de hacerlo.*

En la actualidad, la OMS define el maltrato como «abusos y desatención de los que son objeto niños, niñas y jóvenes menores de 18 años, caracterizado por maltratos físicos o psicológicos, negligencias o desatención, abandonos o abusos, que puedan causar daño a la salud, al desarrollo o dignidad del niño o poner en peligro su supervivencia, en el contexto de una relación de responsabilidad, confianza o poder».

La sobreprotección se ha puesto sobre la mesa porque al no preparar a nuestros hijos para la vida, los privamos de la oportunidad de darse cuenta de lo que son capaces.

La sobreprotección puede ocasionar secuelas emocionales y mentales que pueden incluir:

- Baja autoestima.
- Inseguridades.
- Sentimiento de incapacidad (autoconcepto negativo).
- Angustia y ansiedad, por sentir que no puede hacer nada por sí mismo.
- Dependencia.
- Ser muy aprensivo o tirano.

Y naturalmente todo esto puede afectar su desarrollo de habilidades sociales.

Algunos puntos a considerar:

1. No hagan cosas por sus hijos que ellos serían capaces de hacer por sí mismos; bríndenles la oportunidad de probarse que pueden hacerlo.

2. Cuando se presente un «problema», pregúntenles qué harían. No se los resuelvan de inmediato. Una cosa es intervenir cuando ellos lo pidan y otra anticiparse a adivinarles el pensamiento.

3. No están para solucionarles siempre los problemas, sino para enseñarles que los problemas existen y que necesitamos buscar la forma de resolverlos. Es necesario que se enfrenten a ellos para aprender a buscar diferentes alternativas de solución y acción.

4. Bríndenles total confianza y anímenlos a que prueben, intenten y a que sepan que, aunque a veces se equivoquen, no pasa nada se vale volverlo a intentar. De los errores se aprende más que de las victorias. Tienen que aprender a soltar, delegar y a confiar.

5. Trátenlos de acuerdo con su edad, ni más ni menos; no exijan actividades que puedan resultarles imposibles porque sufrirán frustración constantemente y podrían no querer seguir intentándolo; de igual forma, procuren no facilitarles la vida y que pierdan la motivación porque nada les representa un reto.

Error #7:
Me encuentro con padres muy confundidos

Digas lo que digas, eres lo que haces.

Anónimo

¿Qué deseamos para nuestros hijos? Es una pregunta que suelo realizar a los padres de familia y, las respuestas más recurrentes son:

• Que nuestros hijos sean buenas personas.
• Que sean felices.
• Que disfruten la vida.

Sin embargo, cuando hablamos de la realización o del *cómo* llegar a ello es cuando aparecen las dudas, los conflictos y los mensajes equivocados. Vamos a concentrarnos en la primera respuesta: Que nuestros hijos sean buenas personas.

Una característica de este tipo de personas es que muestra respeto. Es de las características más importantes porque sin respeto no hay convivencia ni entendimiento y al ser un mundo social, es parte primordial para vivir. El respeto, más que enseñarse con palabras, se enseña con nuestras acciones continuas.

Por ejemplo, padres que le piden a sus hijos que respeten las normas de casa, pero ellos llegan tarde a su trabajo, se pasan los altos o no pagan sus multas, no están siendo congruentes con lo que piden.

Los profesores que piden respeto para ellos y para los compañeros de clase; pero hacen comentarios despectivos, descalifican con adjetivos o se hacen de la vista «gorda», no están cumpliendo con lo que piden. Sin duda el ejemplo arrastra, pero si lo acompañan con sus palabras será más poderoso.

Actualmente le estamos enseñando a los niños que «el que más tiene, más vale». Hoy los niños tristemente ven que alguien se vuelve famoso porque todo mundo habla de él, porque su video tiene millones de descargas y visualizaciones o porque sale en la televisión, aunque en ocasiones la acción que está cometiendo no sea correcta o valiosa, pero que tiene atención desmedida. ¿Cuántos *ladies* y *lords* han aparecido constantemente, porque nosotros los volvemos importantes? Y aunque estamos de acuerdo en que está mal lo que hacen, de todas maneras, por unos minutos se vuelven dueños de nuestra atención y esto los niños lo siguen y lo imitan.

Es necesario que fijemos nuestra escala de valores: ¿Qué queremos desarrollar en nuestros hijos? Y respondan con firmeza: lealtad, honradez, respeto, honor, prestigio, etcétera.

En tiempos pasados, los caballeros hacían «tratos de palabra», porque esta valía; la reputación era importante. En ese entonces, la honradez no tenía que ser pedida como requisito para un trabajo, era inherente al aspirante. A nosotros nos tocó formarnos profesionalmente cuando se trabajaba mucho para destacar y «ponerse la camiseta» era una cualidad de los empleados que ascendían. Sin embargo, hoy todo es «de a ratitos» o de «momentitos»; todo es desechable.

Aparentemente nada satisface nuestras necesidades y no importa lo que tengamos que hacer para conseguir lo deseado, queremos que nuestros hijos sean exitosos, pero, ¿ya no importa el cómo?

Queremos que tengan una vida acomodada, fácil, con lujos, pero sin fijarnos en cómo se consiguió.

Frecuentemente escucho decir a padres de familia que compraron un teléfono o una tableta porque ya todos los compañeros de sus hijos la tenían, y yo pregunto si ese es motivo suficiente. El que todos hagan algo no lo hace lo correcto; correcto es que ustedes lo decidan porque eso irá acompañado de un compromiso, de poner horarios, reglas de uso y de estar al pendiente. Si no se creen capaces, **no se confundan**, ¡sigan su sentido común!

Hoy, sin duda, hay algo que no estamos haciendo adecuadamente cuando escucho en la boca de un niño frases como: «*El que no transa no avanza*» o «*Pena robar y que te cachen*».

Cuando para los niños es más importante tener unos tenis de marca o el último modelo de teléfono inteligente —porque eso los hace sentirse queridos y aceptados— que pasar tiempo con su familia, a mi me deja clarísimo que nuestros hijos son los menos culpables; ellos son solo el reflejo de lo que ven y escuchan.

Sin duda, en muchos momentos la vida no es justa y eso también tendrán que aprenderlo nuestros hijos, pero no a cambio de su tranquilidad y conciencia, que hoy me cuestionaría si se las estamos formando.

Los niños son niños y necesitan guía, apoyo, orientación, educación, formación y mucho amor para crecer. Nosotros no somos como algunos animalitos que nacen y a los pocos días o meses pueden valerse por sí mismos; no somos así. Requerimos de atención, respeto, cariño y formación.

Cuando nos recomiendan «vive el aquí y el ahora», no lo dicen para que hagamos todo lo que nos gustaría hacer, incluso de manera enloquecida. El sentido del aquí y del ahora es aprender a disfrutar de lo que toca, de lo que tienes y del momento en el que te encuentras. Los niños conforme crecen necesitan de más atención, comprensión, flexibilidad, respeto y amor. Sus hijos no van a dejar de necesitar atención porque tienen un videojuego que los entretenga o un teléfono que momentáneamente los hace felices; sus hijos siempre van a necesitar de la atención, tiempo y cariño que les den ustedes, sus padres.

Es triste darnos cuenta que escuchamos sus necesidades materiales y que muchos padres trabajan infatigablemente por satisfacerlas, pero de nada sirve si lo que más les falta ¡son ustedes en cuerpo y alma!

Llevo muchos años en el ámbito educativo y he visto cambiar muchos factores; unos para bien, sin duda; pero también otros que se empiezan a reflejar en niños que se deprimen, que nada les es suficiente; niños con mucha preparación escolar pero emocionalmente muy débiles; niños con deseos de que los escuchen y muchos padres preocupados, pero poco «ocupados» en resolverlo.

No debemos olvidar que la verdadera esencia de las personas está construida con experiencias, creencias, valores, sentimientos y pensamientos que se forman en el primer núcleo: el hogar.

Diversos estudios demuestran que las personas generosas, las que dan tiempo, respeto, sonrisas, momentos y amor son las más felices, y entonces vuelvo a la misma pregunta: ¿Qué deseamos para nuestros hijos? ¡Felicidad! Y tengan presente que la felicidad no es una meta, sino que es parte del camino.

A continuación, algunas recomendaciones:

1. Si conocen a sus hijos, sabrán lo que ellos necesitan y no harán suposiciones; usen su intuición y su sentido común. Asimismo, hay un dicho muy acertado que expresa: «Ante la duda, no lo hagas».

2. Tengan claridad en lo que quieren. La vida es de elecciones y todas ellas traen consecuencias. Aquí lo importante es

plantearse qué buscamos para ellos. Y cuando lo tenemos claro es más difícil salirnos del camino.

3. No tomen decisiones guiados por la emoción momentánea; dense el tiempo de pensar, analizar y decidir. Cuando la educación de nuestros hijos está en juego, nunca habrá prisa.

4. Que no les gane la presión social; sé que es difícil porque es tanta que, a veces, hasta para no pelear, cedemos; pero vuelvan al punto número uno: Si no están seguros, no lo hagan.

5. No tengan miedo, los hijos confían en los padres, háganlo ustedes en ellos.

Error #8:
Hemos permitido que la tecnología nos domine

La tecnología no es nada. Lo importante es que
tengas fe en la gente, que sean básicamente buenas e
inteligentes, y si les das herramientas, harán cosas maravillosas con ellas.

STEVE JOBS

Los padres de familia enfrentan el reto de educar a una generación que creció con acceso a un mundo de información, hiperconectada y tecnologizada. Niños y jóvenes completamente dependientes de las redes sociales. Ante este reto, los papás se rascan la cabeza y expresan: *Son una generación muy diferente a la mía, vienen con un chip distinto, están muy revolucionados y son muy inteligentes.*

Evidentemente, como pedagoga, no desestimo que los niños y jóvenes de hoy sean más despiertos, pero opino que más que venir con un «chip más revolucionado», esta generación, comparada con la anterior, ha recibido mucha más estimulación de los nuevos estímulos de aprendizaje: reciben música desde la gestación, se han desarrollado infinidad de juguetes didácticos y la tecnología corre a pasos agigantados y su destreza de uso les sigue el paso y es innegable que todo ello genera conexiones neuronales distintas, haciéndolos más despiertos o abiertos; en comparación a los niños que antes del internet solían permanecer pasivos, o bien, realizaban tareas escolares y jugaban juegos sencillos. Mi opinión es que, si a estos niños también se les hubiera proporcionado una tableta o un teléfono inteligente, lo habrían utilizado tan diestramente como la generación actual; ahora, sencillamente, existen factores que son nuevos y se han integrado a la vida cotidiana de las familias.

Es importante que enfrentemos esta realidad, pues la tecnología se volvió una variable más que se involucra en la educación de nuestros hijos y tenemos que prepararnos para saber cómo podemos usarla a nuestro favor.

La tecnología es un recurso imprescindible en la actualidad; sin embargo, los avances en ella y el acceso a la información presentan múltiples aristas.

Como parte de los aspectos positivos podríamos considerar la rapidez en las comunicaciones, la facilidad con la que podemos acceder a cualquier clase de información, la diversidad de fuentes, enfoques y opiniones sobre un mismo tema y la ruptura de patrones de enseñanza y de adquisición del conocimiento.

Pero en contraste, como parte de los aspectos negativos podríamos considerar que los niños y los adolescentes tienen a la mano a una gran cantidad de información no filtrada ni veraz y mucho de eso tampoco está diseñado para su nivel de madurez.

Violencia, agresiones, lenguaje obsceno, pornografía e «influencers» con mensajes que solo buscan divertir y no necesariamente tomar conciencia del impacto que sus acciones y dichos tienen en los niños y jóvenes, y suelen poner en peligro la integridad física, emocional y mental de nuestros hijos.

Cuantas veces no hemos escuchado de accidentes en pequeños que por pertenecer a una comunidad virtual resultaron asfixiados o quemados cumpliendo el «reto de iniciación». Es ya una realidad la adicción a la conectividad que ofrecen los teléfonos inteligentes y las tabletas. Su grado de hiperconectividad consigue, literalmente, que se «desconecten del mundo real».

Niños y jóvenes hoy demuestran menos pericia con sus habilidades sociales. No saben cómo convivir en una reunión cara a cara, establecer una conversación telefónica y por ello prefieren mensajearse e incluso mantener relaciones afectivas virtuales que no incluyen el conocerse en persona.

Estoy convencida de que la tecnología no es culpable de los cambios en nuestros hijos. Hablamos de una herramienta que debe estar al servicio del ser humano, pero los padres hemos permitido, por descuido o comodidad, que se convierta en la principal compañía, tutor y educadora de los niños y jóvenes. Nuestro descuido y permisividad nos ha puesto a nosotros y a nuestros hijos al servicio de la tecnología y hace de nuestras vidas, un producto que alimenta las redes sociales.

A continuación algunos puntos que pueden ayudarnos:

1. Para nuestros hijos, internet y todo lo que emana de ella es innato y no podemos «desconectarlos». Los analfabetas digitales somos nosotros y por ello debemos exigirnos aprender del ambiente de tecnología en el que se mueven nuestros hijos y estar vigilantes de lo que ven en su computadora y dispositivos portátiles.

2. Con la facilidad con la que llega la información es necesario prevenir y anticiparnos a temas que antes se tocaban a otras edades. Estamos educando a niños que pueden ser tocados por la pornografía, la violencia o información no deseada desde el momento mismo en el que nosotros ponemos un dispositivo en sus manos. ¿A qué edad quieres que empiecen a estar en línea?

3. Oblíguense a estar abiertos a escucharlos sobre temas que para nosotros pueden sonar fuera de lugar como con videos llenos

de groserías o *TikToks* que, sabemos, no aportan nada, pero a ellos les parecen divertidos. Antes de juzgar, sermonear o criticar, mejor preguntarnos: ¿Qué es lo que los hace tan llamativo para ellos? Para poder ayudar desde esa perspectiva.

4. Anticípense. No crean que por ocultar temas u omitir pláticas que incomodan los vamos a «mantener a salvo» o no les va a pasar nada; más vale hablar con ellos de TODOS los temas y que lo escuchen de nuestra boca, a creer que ellos son conscientes para saber qué cosas no les hace bien.

5. Las reglas con los dispositivos siempre pueden cambiar si es por su propia seguridad. Aunque hayan concedido que tengan su cuenta en *TikTok*, HOY pueden establecer una nueva regla; por ejemplo, decirles: *No pueden tener su teléfono en la recámara a la hora de dormir.* Queremos que duerman, no que se pierdan hasta la madrugada mirando videos. Ustedes tienen la absoluta discrecionalidad para establecer los controles parentales que les parezcan pertinentes para controlar su navegación en internet y su tiempo en redes sociales. Que no les de miedo: son su responsabilidad y todo lo que sea a favor de su sano crecimiento es válido.

6. Tanto los niños como los adolescentes todavía no tienen completamente desarrollado el lóbulo prefrontal, que se encarga de ayudarnos a tomar mejores decisiones, y eso explicaría por qué un adolescente realiza conductas arriesgadas; ustedes están ahí para aportar el buen juicio que a ellos les falta.

Error #9:
Nuestras acciones pueden crear una baja autoestima en niños y adolescentes

*Si yo pudiera darte una cosa en la vida, me gustaría darte
la capacidad de verte a ti mismo a través de mis ojos.
Solo entonces te darás cuenta de lo especial que eres para mí.*

FRIDA KAHLO

Este es un tema de gran relevancia y que debemos hablar en todas las etapas de su vida. No solo los padres se preocupan por mejorar la autoestima de sus hijos; a todos nos interesa conocernos y sacar lo mejor que tenemos. Y es importante aclarar que la autoestima se forma desde una edad muy temprana, fomentada en el entorno familiar y la relación que existe entre los miembros que conforman el clan.

La palabra autoestima se divide en auto (persona en sí misma) y estima (valoración); por lo tanto, constituye ese sentimiento valorativo hacia nuestro ser, la manera de percibirnos a nosotros mismos, de saber cómo somos, de conocer todos nuestros rasgos corporales, mentales y espirituales que conforman nuestra personalidad.

Aunque es un aspecto muy escuchado sigue siendo un tema en el que debemos trabajar muchísimo, porque muchas veces malinterpretamos lo que es ayudar a nuestros hijos con su autoestima.

No se trata de repetirles a nuestros hijos todo el tiempo que son hermosos, que son los más listos o que ellos pueden lograr todo lo que quieran; la autoestima va más allá de halagos, que no digo que no ayuden, pero a veces también llegan a estorbar.

En alguna ocasión, hablando sobre este tema en una conferencia, hacía énfasis en lo importante que sería que nuestros hijos reconocieran que todas las personas tenemos maravillosas fortalezas y también debilidades que podemos mejorar, que esto era necesario expresárselos y nosotros teníamos la responsabilidad de enseñárselos a nuestros hijos. Recuerdo que en ese momento una mamá levantó la mano muy confundida y me dijo: *Ya no entendí, llevo años escuchando que debo repetirle a mi hijo todos los días que es guapo, listo, inteligente, gracioso y que todo lo que quiera puede conseguirlo y ahora usted me dice que no; realmente no lo entiendo.*

Comprendiendo la situación respondí: *Mire, sin duda nosotros, los padres, somos la primera fuente de donde nuestros hijos aprenden a valorarse y a reconocerse; pero ellos también tienen que entender que equivocarse no está mal, que no siempre se puede ser primero, que del fracaso también se aprende, que seguramente en el mundo existirá alguien más listo que ellos y alguien menos listo o alguien más rápido y alguien menos rápido; para mí hablar de autoestima es hablar de un conocimiento personal «con todo»; es decir, con defectos y virtudes, fortalezas y debilidades, porque de esta manera invertiremos esfuerzo en aquello que nos haga falta trabajar. No estamos hablando de competir con los demás, estamos hablando de conseguir estar contentos con quienes somos.*

La autoestima es cambiante y depende fundamentalmente de los acontecimientos que ocurren alrededor de la vida de nuestros hijos y de cómo ellos los valoran e interpretan. Asimismo, las experiencias negativas con su grupo de pares también pueden influir en que su autoestima se vea mermada.

Por ejemplo, hoy las redes sociales juegan un papel importantísimo y solemos comparar la imagen que vemos de otras personas con la nuestra; de esta manera los niños y jóvenes se juzgan y son juzgados en redes sociales.

En otra ocasión escuchaba el caso de una «influencer» a la que miles de jóvenes seguían y le ponían maravillosos comentarios y profesaban admiración; pero la chica llegaba a terapia y decía que ella no era esa persona sonriente que se veía en las fotos, que ella lo hacía porque creía que se sentía bien con ello, pero cuando se encontraba consigo misma, no le gustaba lo que veía y estaba deprimida.

Para mí ha sido relevante ver que los niños, entre más conocen acerca de ellos mismos, más seguros se presentan y esto va en relación con diversos estudios que se han realizado. De acuerdo con estos, el punto más alto de la autoestima es alcanzado en la sexta década de nuestra vida, lo que me hace estar aún más convencida de que entre «mejor te conoces, mejores decisiones tomas» y, sin duda, se ve reflejado en tu autoestima.

Algunos elementos que se relacionan con la formación de la autoestima son:

- La observación y la aceptación de cada persona hacia sí mismo.
- Las creencias que cada uno de nosotros tiene acerca de la imagen que los demás perciben de nosotros.
- Poder aumentar la confianza en nuestras propias capacidades personales.

Es importante mencionar que la calidad de vida de cada persona está notablemente influenciada por la forma en cómo cada quien se percibe y se valora a sí mismo, ya que esto tendrá mucho que ver en cómo se relaciona con su entorno.

Los aspectos que conforman la autoestima son:

- Cognitivo: lo que pienso.
- Afectivo: lo que siento.
- Conductual: lo que hago.

Estos tres aspectos tienen una fuerte relación entre sí.

En este sentido, no debemos olvidar lo importantes que serán esas etiquetas o juicios de valor que hagamos sobre nuestros hijos, e incluso las comparaciones que hacemos entre nuestros hijos.

Una de las preguntas más frecuentes es: ¿cómo saber si tengo autoestima alta o baja?

Algunas de las características para identificar la autoestima alta son:

- Poseer una valoración positiva de uno mismo, verse competente y capaz de enfrentarse a diferentes situaciones.
- Se tienen pensamientos positivos y optimistas.
- Se tiene la capacidad para adquirir compromisos y responsabilidades.
- Se tiene autonomía.
- Se pueden entablar fácilmente relaciones sociales igualitarias y satisfactorias.
- Se tiene la capacidad para enfrentar conflictos con actitud positiva.
- Se pueden resolver problemas.
- Existe confianza en nuestros comportamientos.
- Se tiene un óptimo nivel de autocontrol, capaz de controlarse ante diferentes impulsos.

En contraste, algunas de las características para identificar la autoestima baja son:

- No hay confianza en nuestras capacidades personales.
- Sumisión y agresividad.
- Cuesta mucho trabajo establecer relaciones sociales.
- Las responsabilidades abruman.
- La capacidad de enfrentarse a problemas y conflictos disminuye.
- La falta de confianza en uno mismo puede afectar hasta la salud.
- Los cambios cuestan mucho trabajo.

Después de leer lo anterior, lo más habitual es tratar de ubicarse o ubicar a otra persona en alguna de las dos categorías y empezar a sentirse bien o mal según sea el caso, pero algo que se debe puntualizar es que la autoestima puede fortalecerse.

Lo primero que debemos hacer es aceptarnos tal y como somos; saber que hay cosas que no nos gustan y que se pueden cambiar y otras que quizá no, pero debemos aprender a vivir con ellas y sacarles el lado positivo. También es importante evitar resaltar lo malo, esa parte de crítica destructiva y cambiarla hacia la crítica constructiva.

Es conveniente enseñar al niño a tolerar la frustración e intentarlo de nuevo y aprender a pedir ayuda cuando es necesario; aprender a relacionarse con las demás personas y, lo más importante, a ir formando una imagen real de uno mismo para desarrollar al máximo nuestras capacidades.

Después de haber leído lo anterior, podemos decir que los padres desempeñamos un papel fundamental en esta creación de la imagen que nuestros hijos tengan de sí mismos. Somos capaces de impedir que nuestros hijos perciban una imagen negativa de ellos y enseñarles a desarrollar un auto concepto auténtico, para que se quieran y acepten con sus defectos y virtudes.

Una sana autoestima aumenta las probabilidades de éxito social, académico y familiar. La autoestima forma un ingrediente fundamental de la personalidad, pues de ella dependen el desarrollo del aprendizaje y la capacidad de potenciar las habilidades personales y sociales. La autoestima determina el desarrollo afectivo, social e intelectual.

Cuando un niño tiene una buena autoestima se siente seguro, competente y valioso; es responsable y capaz de relacionarse adecuadamente con los demás y de pedir ayuda cuando la necesita sin sentirse por esto inferior a los demás. En oposición, una baja autoestima puede generar en el niño sentimientos de desánimo, ansiedad, tristeza, agresividad o hacerlo hipercrítico o excesivamente envidioso.

Algunas sugerencias para poder incrementar la autoestima en nuestros hijos son:

- Poner atención y escucharlos.
- Compartir sus intereses.
- Resaltar sus características especiales.
- No compararlos con sus amiguitos, primos y mucho menos con sus hermanos.
- Aceptar sus ideas y animarlos a encontrar soluciones.
- Respetar su intimidad y admirar sus pertenencias.
- Elogiar sus esfuerzos.
- Fomentarles a hablar sobre sus sentimientos.
- Enseñarlos a cumplir con sus responsabilidades.
- Respetar sus ritmos en todas las actividades.
- Permitir que se equivoquen y fracasen para que descubran que se puede volver a intentar.
- Enseñarlos a tomar decisiones y asumir sus consecuencias.

- Múltiples demostraciones de cariño con abrazos, caricias y besos.
- Jamás condicionar su cariño: «si haces esto o aquello, no te voy a querer».
- Cumplir con lo que dices, sea lo que fuere, para que seas confiable.

Algunas recomendaciones a recordar:

1. Para poder ayudar a nuestros hijos a desarrollar una buena autoestima debemos empezar por saber qué tal la tenemos nosotros. Recuerden que nuestros hijos serán un reflejo de lo que hay en nuestra casa.

2. Evitar las comparaciones y estar muy consciente de este punto, pues a NADIE le gusta ser comparado.

3. Así como es importante que todos tengamos límites, sus hijos tendrán que aprender a ponerlos, a saber decir NO, a empezar a elegir, a asumir la elección, y entre más pequeño se aprenda esto, es mejor.

4. Estar consciente y hacer conscientes a nuestros hijos que la autoestima se puede mejorar, que requiere de un trabajo de introspección, aceptación y conocimiento.

5. Hacernos responsables de nuestras emociones nos ayuda a mejorar nuestra autoestima porque, poco a poco, vamos conociendo qué sí y qué no nos hace bien.

La autoestima es y será parte fundamental en sus vidas y, como padres, debemos ayudar a nuestros hijos para que desde pequeños adquieran la mayor confianza posible en sí mismos.

Error #10:
Nos movemos en un mundo muy egoísta. ¿Dónde quedó la conciencia?

Todos están tratando de encontrar a la persona correcta...
Pero nadie está tratando de SER la persona correcta.

ANÓNIMO

Tanta violencia, tan poco respeto por la vida, tan poca tolerancia por las opiniones diferentes y tanta indiferencia ante el sufrimiento, ha mal acostumbrado a nuestra conciencia y quizá ya ni siquiera les generamos a nuestros hijos la posibilidad de desarrollar esa parte que frena los impulsos y que lleva a darle una segunda pensada a las cosas; ese famoso *Pepe grillo* que Pinocho tenía, ese que lo acompañaba y que en ocasiones le estorbaba pero que, en la mayor parte, por lo menos le ayudaba a tomar decisiones.

El apoyo de los padres muchas veces se confunde con ceguera parental —ese amor mal entendido que cree que por justificar todas las acciones de nuestros hijos o por resolverles la vida, seremos los mejores papás—.

Hay niños muy pequeños que llegan a cuestionar a su maestra o profesor si les llaman la atención por algo y le reclaman a la maestra diciéndole: *Te voy acusar con mi mamá y verás cómo te va a regañar.* Hace algunos años lo que pedías como niño era que tu mamá o papá no se enteraran si el profesor te había llamado la atención, porque sabías que podían regañarte aún peor, pero hoy es muy común escuchar a padres de familia expresar: ¡*Tu maestra está loca!*, desacreditando toda la autoridad que la maestra o el profesor pudieran tener. Y, debido a esto, nos encontramos con padres que justifican con cualquier excusa a sus hijos diciendo: *no durmió bien, mi hijo no era así, lo aprendió de un compañero* o *seguro el mío no empezó*, creyendo que si el niño o joven ve que damos la cara por él, (aunque sea responsable de lo sucedido) esto nos hará buenos padres.

Creo que ahora únicamente vivimos por la «búsqueda de la propia felicidad personal» sin importarnos si a nuestro alrededor se sufre, se llora o lastimamos a alguien; con esto no quiero decir que vivamos acongojándonos por tantas penas que hay a nuestro alrededor, pero es necesario enseñar y formar a los niños en escuchar a su conciencia, en pensar no solo en su beneficio personal que les genera realizar tal o cual acción.

Es necesario que todos seamos capaces de pensar en el otro, de olvidarnos un poco del egocentrismo, de dejar de pensar en la inmediatez y también de analizar las consecuencias, pues es necesario caer para aprender a levantarse.

Reitero que los niños son niños y ellos aprenden conforme viven experiencias.

No hace mucho tiempo circuló en redes sociales un video de un par de hermanitas celebrando el cumpleaños de una de ellas —la menor, cumplía 3 años— y a un lado se encontraba la hermanita mayor, con una blusita a rayas que la volvió famosa por varios días, y me atrevería a decir que quizá marque muchas de sus acciones por algunos años. La niña de rayas (no mayor de 6 años) se metió a soplar la vela del pastel de su hermanita. La niña del cumpleaños montó en cólera y agredió a su hermana con manotazos y jalones de cabello hasta que las dos cayeron al piso.

Al levantarse, el video mostraba a la niña de rayas (la mayor) sonriendo nuevamente y arreglándose el peinado como si no hubiera pasado nada y la cumpleañera enfurecida y frustrada volvía a tomarla por el cabello y la jalaba nuevamente. La hermana mayor no dejaba de sonreír ni cuando las separaron.

De esta situación leí todo tipo de comentarios en las redes: que si la de rayas era malévola, burlona, sarcástica y peligrosa; es decir, infinidad de adjetivos fuertes para una niña tan pequeña. Y también para sus padres que recibían juicios muy duros acerca de cómo estaban educando a un «pequeño monstruo». A mí me parecía una escena que podía haber ocurrido en cualquier casa de dos hermanas peleándose y reaccionando cada una desde una manera muy auténtica, «tal cual cada una era»; en ningún momento afirmo que esto esté bien, ¡por supuesto que no! Pero sucede entre hermanos y a veces hasta entre primos; lo que sí me queda claro es que ES PAPEL DE LOS PADRES corregir esta situación, hacerles entender a ambas lo que sucedió y revisar cómo reaccionó cada una (la pequeña con ira y frustración, y la mayor con alevosía y desvergüenza).

Los padres de estas pequeñas tardaron en reaccionar y frenar esta situación que no estuvo en su control en un inicio, pero se esperaría que después hayan hablado con ambas niñas y hayan puesto los límites necesarios porque justamente eso sí es responsabilidad de los padres: educar, orientar, formar y guiar.

Los padres necesitamos hablar con nuestros hijos sobre el respeto, la empatía, la tolerancia y el aprender a convivir; todos los seres humanos somos diferentes y reaccionamos de formas distintas. Conociendo a nuestros hijos, sabremos en qué podemos ayudar a cada uno.

No nacimos perfectos como seres humanos, llevamos una vida educándonos y aprendiendo de las experiencias de la vida y del acompañamiento que nos han dado.

Pero ahora hemos olvidado trabajar en la conciencia de los niños y esto los ha vuelto incapaces de reflexionar sobre si sus decisiones solo les afectan a ellos o a alguien más y todo es un círculo vicioso; los niños de hoy reciben lo que quieren en cuanto lo piden y, si no lo obtienen, se sienten frustrados y no saben cómo manejarlo, por lo que usualmente creen que es obligación de los padres darles todo lo que piden en cuanto lo pidan —y esto fue culpa de nosotros, no de los niños—.

La conciencia es NECESARIA y nosotros, los padres, estamos confiando demasiado en la educación que nos dieron y omitimos que esa educación fue producto de mucho ejemplo, mucho trabajo y mucho compromiso de parte de nuestros padres para con nosotros, y esto no se transfiere por ósmosis, debemos transmitirla y enseñarla. Quizá muchas de las formas en las que lo hicieron nuestros padres deban modificarse, porque los tiempos han cambiado, pero el fondo no; hacer de nuestros hijos personas conscientes les servirá a ellos más que a nadie. Que sean capaces de pensar antes de actuar y sepan que, a toda acción corresponde una reacción; enseñarlos a ser responsables desde pequeños los hará mucho más conscientes y formará parte de su autoconocimiento.

Algunas recomendaciones que nos pueden ayudar:

1. Tener muy claro que la vida está llena de procesos y no debemos saltarlos para poder seguir. «No se puede correr antes de caminar», seguro que alguna vez lo escuchamos de nuestros padres, quienes nos decían: «Para todo hay tiempo. Hay tiempo para divertirse, tiempo para estudiar y tiempo para descansar.»

2. Si no son ustedes, seguramente la vida les enseñará a sus hijos que a toda acción corresponde una reacción y muchas veces, la vida no lo enseña de la manera más bonita.

3. Recuerden que durante muchos años su labor será la de ponerle muchas perspectivas a un problema para que después, ellos sean capaces de hacerlo, aunque nosotros no estemos.

4. Enseñar a nuestros hijos a detenerse para ver cómo se sienten otras personas ante ciertas situaciones es un buen ejercicio para mostrarles la empatía y generar conciencia.

5. Cuenten historias ficticias o reales que les hagan descubrir de qué forma reaccionarían sus hijos ante ciertas situaciones; esto les puede ayudar a saber cómo los pueden auxiliar.

Error #11:
Los hemos desmotivado

Cuando se acaba la motivación... queda la disciplina.

ANÓNIMO

Esta premisa es muy común en nuestros días: padres que continuamente se quejan de hijos que nunca están contentos y, por más que ellos se esfuerzan, siempre hay una exigencia mayor; estas son algunas preguntas con las que frecuentemente me encuentro: ¿Por qué los hijos exigen más y más? ¿Por qué parece que nada los hace felices? ¿Por qué nos cuesta poner límites? ¿Todos los hijos exigen igual o nada más los míos?

Estamos en una época en la que todo es inmediato, pues buscamos satisfactores que nos generan placer; el placer a corto plazo es adictivo, es cuando nuestro cerebro expresa «me siento bien» y generalmente cuando nos incita a arriesgarnos, es cuando genera dopamina. No es que el placer sea algo malo, el problema radica cuando solo nos acostumbramos a la búsqueda del mismo y se nos olvida que la felicidad va más allá. La felicidad en el largo plazo generalmente se da en forma compartida, no genera adicción, pero nos gusta que nuestro cerebro nos diga «me siento bien, es suficiente». La felicidad requiere, sin duda, de más tiempo, de más compromiso e incluso de más voluntad.

Tenemos que hacer una pausa y analizar si estamos desmotivando a nuestros hijos al darles todo a manos llenas, incluso sin que ellos lo pidan.

Por ejemplo, ya no dejamos que los niños se aburran; incluso hasta eso les resolvemos; si vamos a ir a un lugar con trayectos largos o que los hijos pudieran no tener que hacer, nosotros preparamos la situación de varias formas: *No olvides llevar tus juguetes* o *Revisa que tu dispositivo tenga la batería completa para que no te aburras.* Y continuamente buscamos actividades para que se entretengan y no nos digan que están aburridos.

Esto es una manera de desmotivarlos, no les damos oportunidad de pensar cómo pueden no aburrirse y les preparamos la respuesta. Esto ha generado que los niños se estén acostumbrando a que siempre haya alguien que piense por ellos y, si no lo hacen, hasta se enojan.

Recuerden las navidades de sus hijos. ¿Se parecen a las suyas? Piensen en su cuarto de pequeños y la cantidad de juguetes que tenían y ahora piensen en el cuarto de sus hijos. ¡La diferencia es sorprendente! Y muchas veces ni siquiera nos damos cuenta.

Los niños van a exigir en la medida en que los padres lo vayamos permitiendo; si piden y obtienen, seguirán pidiendo mientras reciban. No lo echen en saco roto, es necesario trabajar en la «autorregulación» enfatizando que todo va muy de la mano con conocer emociones y aprenderlas a manejar.

Ahora les pido que recuerden cuáles eran sus aspiraciones a los 16 o 17 años. ¿Cuáles eran sus sueños? ¿Cuáles eran sus objetivos para el futuro? Y se han preguntado: ¿Cuáles son los de sus hijos?

Sé que las generaciones han cambiado y que antes se pensaba en ahorrar para un auto propio, para poder pagar una renta o comprar algo que deseábamos mucho, pero ahora los jóvenes prefieren moverse en autos de aplicación o no piensan en establecerse en una casa. Nos toca acercarnos y preguntarles: ¿Qué buscan para su futuro? ¿Qué quieren ser? ¿Qué quieren conseguir? y ¿Cómo creen que pueden conseguirlo? Seguramente con sus respuestas te darás cuenta qué tan motivados se encuentran.

Es triste, pero en los últimos diez años los casos de depresión y suicidio han aumentado considerablemente. Tenemos jóvenes que ya no encuentran sentido a su vida, continuamente se sienten insatisfechos, nada los mueve, nada los emociona, nada los motiva y les invade la desesperanza porque nunca han experimentado la satisfacción de trabajar con esfuerzo por algo y conseguirlo.

La motivación, como la mayoría de los recursos personales, también se aprende; la motivación tiene mucho que ver con la actitud que nosotros tenemos ante la vida y lo que nos acontece. Esa actitud se va aprendiendo de todos los hechos que vivimos y la manera en que les plantamos cara. Hoy NOSOTROS somos esas personas que enseñarán a nuestros hijos a buscar motivación, pero si somos esas personas que les resuelven todo, no esperemos que lo aprendan.

La motivación tiene mucho que ver con la voluntad y el esfuerzo, y actualmente estamos educando niños y adolescentes dependientes y atenidos a que siempre haya algo o alguien que afronte o resuelva la consecuencia de sus actos.

Sin querer queriendo, hemos conseguido una generación de jóvenes (acuérdense, siempre hay excepciones) que se cansan rápido de todo, no se comprometen, piensan que todo es desechable; por otro lado, tienen muy claro que la vida se vive una vez (lo cual es correcto) pero han perdido el miedo a muchos riesgos, son jóvenes que están buscando continuamente placer, pero no trabajan en su felicidad. La forma de ayudar a estos niños y jóvenes es dejarlos que busquen sus propias necesidades —no las básicas, esas las cubrimos nosotros—, sino sus necesidades de encontrar su «hacia dónde» y «para qué».

Fortalecer su voluntad es algo que hemos olvidado y es necesario enseñarlos a plantearse objetivos a corto, mediano y largo plazo. Aquí algunas recomendaciones que pueden ayudar:

1. No dejarnos cegar por el amor y la necesidad personal de querer darles todo lo que a nosotros no nos dieron, pues a veces no lo necesitan.

2. Enseñarlos a plantearse objetivos a corto, mediano y largo plazo, según la edad que tengan y dejar que ellos los cumplan.

3. Fomentar la voluntad, algo que, si no les ayudamos, tendrán que aprender en la vida de una manera más cruel quizá.

4. Apoyar, sí; resolver, no. Conforme vayan creciendo es necesario que les permitas darse cuenta que se pueden equivocar en sus decisiones.

5. Anímalos a probar cosas nuevas; en ellas podemos descubrir talentos ocultos o motivaciones que nos hacían falta.

Error #12:
Ignoramos que el riesgo de las adicciones está más cerca de lo que pensamos

Lo que no me hace bien... no me hace falta.

Anónimo

Tan solo de pensar en el término adicciones sentimos miedo de que el problema toque a nuestra puerta. Hablar de adicciones es un tema delicado. Hay muchos factores que pueden influir en que una adicción comience dentro de casa; por ejemplo, uno de ellos sería que los padres tengan una adicción a drogas, lícitas o ilícitas. Esta sería una de las situaciones en las que predicar con el ejemplo será indispensable para evitar que en casa adquieran la adicción.

Por más que a sus hijos les digan: *No fumes, no vale la pena agarrar el vicio*, si el cigarro está en tus manos, el mensaje es contradictorio y sin autoridad. Igual de complicado es que nuestros hijos, en lugar de adoptar nuestras adicciones, realmente las odien y esto sea un motivo de rencillas entre padres e hijos.

Según la Organización Mundial de la Salud (OMS), una adicción es una enfermedad física y psicoemocional que crea una dependencia o necesidad hacia una sustancia, actividad o relación. Se caracteriza por un conjunto de signos y síntomas en los que se involucran factores biológicos, genéticos, psicológicos y sociales.

Todos tenemos claro que la adicción se considera una enfermedad crónica porque es un hábito recurrente, que domina la voluntad de la persona, y los predispone para realizar conductas o consumir productos o sustancias y de los cuales se es imposible prescindir. La adicción se caracteriza por buscar continuamente un placer y alivio o buscar una recompensa inmediata a través de sustancias o realizar determinadas acciones.

Lo que quizá no tenemos tan claro es que las adicciones no únicamente se orientan al consumo de sustancias que generan dependencia; también pueden tratarse de la necesidad de realizar conductas peligrosas.

Necesitamos hablar de este tema con nuestros hijos desde que son muy pequeños; estoy consciente que a veces nos asusta presentarles temas, abrirlos al mundo, porque los vemos pequeños y creemos que no es momento, pero es una realidad que las drogas hacen aparición en la vida de nuestros hijos cada vez a más temprana edad. En cuanto haya oportunidad, aborden el tema con la claridad y el nivel de profundidad que por su edad puedan manejar.

Si desde pequeños les hablamos sobre los daños físicos y emocionales que las drogas pueden causar, cuando llegue el momento tendrán herramientas para hacerle frente a una «invitación».

Los niños y su cerebro

Cuando un niño consume drogas, ¿qué pasa en su cerebro desde el punto de vista de la Neuroquímica?

El cerebro genera neurotransmisores responsables de diferentes funciones que se alteran cuando hay un consumo de drogas o no se realizan actividades que favorecen la producción natural de estas hormonas, por ejemplo:

- **Serotonina.** Se encarga de regular el estado de ánimo y la ansiedad, pero tener niveles bajos de este neurotransmisor genera sentimientos negativos, tristeza, desconfianza, enojo, pesimismo e incluso ataques de pánico u otros trastornos de salud. La manera en la que generamos serotonina es a través del juego y el deporte.

- **Acetilcolina.** Favorece la concentración, la atención, la memoria y el aprendizaje; también es el encargado de permitir la realización de los movimientos musculares.

- **Dopamina.** Esta sustancia motiva la actividad física y es un neurotransmisor muy importante porque desempeña una función en el sistema de recompensa del cerebro.

- **Endorfinas.** Proporcionan calma, bienestar y felicidad porque reducen la tensión neuronal. Ayudan a la creatividad.

El consumo de sustancias adictivas tiene la capacidad de activar ciertas neuronas, pero su funcionamiento antinatural provoca que se envíen mensajes anormales a través de la red de neurotransmisión, porque las señales se ven afectadas con la forma en que las neuronas las envían, las reciben y procesan y por supuesto el comportamiento del que la consume no es el natural, puede inhibir o desinhibir actitudes, pensamientos o sentimientos que normalmente no aparecerían. Algo sumamente importante es que este proceso de recompensa extremadamente veloz que ofrecen las drogas es adictivo y por supuesto que, si se empieza a edades tempranas, será mucho más difícil escapar de la adicción. No es NORMAL. No porque se esté transitando por la adolescencia (o incluso hoy un poco antes) se «debe probar», como si fuera parte del desarrollo o crecimiento. ¡NO! Y esto se los debemos aclarar a lo niños y adolescentes.

Al igual que las drogas los efectos del alcohol llevan a desequilibrios en la química cerebral y esto se ve reflejado en sus comportamientos, se presentan cambios emocionales como ansiedad, depresión o agresividad, además (por si esto fuera poco), la ingesta de alcohol podría llegar a producir deterioros en el hipocampo afectando la memoria y el razonamiento, y su capacidad para controlar el funcionamiento también podría sufrir deterioro.

El juego y el deporte tienen el mismo poder de generar las misma cantidad de neurotransmisores que las drogas; pero muchas veces *sin querer queriendo* robamos esos espacios de juego con múltiples clases extraescolares o dejando que nuestros hijos pasen demasiado tiempo frente a una pantalla.

Para que exista un desarrollo óptimo del cerebro, los niños necesitan:

- Jugar (actividad física).
- Una dieta saludable (sin exceso de azúcares y grasas).
- Amor y cariño (no sobreprotección).
- Ayudarlos a gestionar sus emociones.
- Aprender a resolver conflictos.

Todos ellos juegan un papel relevante dentro de una crianza integral que fortalezca su cuerpo, mente y espíritu e incremente la reducción de riesgos para generar una adicción.

Por ejemplo, si un niño pasa la mitad de su día frente a una pantalla y deja de realizar actividad física, no genera todos estos neurotransmisores que son indispensables en su desarrollo y crecimiento. En el aspecto social, el sedentarismo frente a una pantalla reduce su relación con otras personas, se ve mermada, pero en cambio genera altas dosis de dopamina por recibir satisfactores inmediatos (likes, puntos, reconocimiento de una comunicación virtual, etc.). Cuando se generan picos de dopamina, el cerebro genera dependencia a ella y nos arroja en caída libre a la depresión, el cansancio y la pérdida de interés.

Me toca escuchar cada vez más, a niños y adolescentes que afirman que no salen de su casa porque prefieren seguir jugando sus videojuegos, que son muy adictivos y que no los pueden abandonar. Aquí está uno de los detonantes actuales de los pleitos familiares. Los hijos quieren estar hasta altas horas de la noche jugando, los padres quieren verlos dormidos para que descansen. También he sabido de adolescentes (¡y adultos!) que sienten ansiedad y angustia si su teléfono está lejos de ellos y por la noche no pueden conciliar el sueño si no lo tienen junto.

Cuando permitimos que nuestros hijos pierdan el control frente a alguna actividad o sustancia estamos abriendo la puerta a una adicción. Si descubren que experimentan ansiedad por volver a la casa para jugar o les cuesta despegarse de la televisión o una pantalla, empiecen a buscar actividades que lo distraigan y sean capaces de generar los neurotransmisores de los que hablamos, para que sean niños felices y capaces de adaptarse al medio.

Los adolescentes y las adicciones

Hablar del cerebro de un adolescente es referirse a «una máquina para aprender». El cerebro adolescente pasa por una reorganización neuronal y habrá áreas de él que aumenten y otras que disminuyan, el proceso es necesario porque se necesitan nuevos circuitos y conexiones que den paso al pensamiento analítico. Hay una cantidad enorme de sinapsis (uniones de comunicación de las neuronas) rodeadas de mielina, (sustancia que cubre los axones). Los axones son la conexión que transmite sensaciones y ayudan a que esta comunicación sea más rápida y los adolescentes aprendan más rápido y de manera más eficiente. Incluso un dato interesante es que durante la adolescencia somos capaces de cambiar el coeficiente intelectual; más o menos un tercio se queda igual, otro tercio de los adolescente disminuye y el último tercio puede aumentarlo, y ello dependerá de las experiencias y actividades que realiza el adolescente durante esta etapa.

Es importantísimo mencionar que el cerebro de un adolescente tiene las áreas emocionales muy activas. El sistema límbico es el encargado de procesar las emociones, los riesgos, las recompensas, el deseo y la sexualidad. Este sistema nos recompensa con dopamina (el neurotransmisor que brinda sensación de placer y bienestar inmediato) y en los adolescentes responde con mucha fuerza, por eso decimos que los adolescentes son una bomba de emociones: todo les afecta en mayor medida, viven las emociones de forma más intensamente que nosotros, los adultos.

Por ejemplo, cuando sus hijos adolescentes vienen a contarles que tuvieron un problema con su amiga o amigo y ustedes escuchan el problema (su cerebro que ya tiene «pensamiento adulto») y una voz en la cabeza les dice: *Esto es una tormenta en un vaso de agua, en dos días esto se va a solucionar;* sin embargo, para sus hijos sí es una tormenta e incluso hasta un huracán. Basta que recuerden cuando les salía un grano en el rostro y como adolescentes pensaban que todo mundo los volteaba a ver porque ese grano era visible a kilómetros.

Esto ocurre porque el área del cerebro que gestiona las emociones se encuentra en pleno desarrollo y todavía la corteza prefrontal (encargada de la toma de decisiones, el juicio, el control de impulsos, la organización y la empatía) no está plenamente desarrollada.

Es importante comprender toda esta información porque nos da una visión mucho más clara del porqué un adolescente podría ser presa fácil de caer en una adicción. Su cerebro está todavía en formación y son emocionalmente vulnerables y poco maduros. Es verdad que su plasticidad sináptica los hace que aprendan más rápido y eficientemente, pero esto puede ser tanto para aprendizajes beneficiosos como para conductas dañinas, lo que puede predisponerlos a convertirse en adictos más rápido que los adultos.

Piensen por un momento en adolescentes que están viviendo muchos cambios físicos, emocionales y psicológicos, que están tratando de «encontrarse» y en esa búsqueda hay muchos factores involucrados: la familia, su círculo de amigos, sus planes, sus expectativas y sus aprendizajes. Todo tendrá injerencia en las decisiones que tome. Espero esto te de un panorama de porqué resulta tan necesario hablar con ellos sobre situaciones que pueden llegar a presentárseles con amigos que les ofrezcan alcohol o drogas, ya que generalmente hablamos de que se cuiden de extraños y que no acepten nada de alguien que no conocen; pero se nos olvida mencionarles que quizá aquél que puede ofrecerle por primera vez una droga sea una persona que ellos consideren cercana, como un familiar o un amigo.

También hoy se escucha a muchos padres utilizar el argumento de *por eso hice que probara delante de mí el alcohol para que si se le subía estuviera en casa.* Y rematan con: *De que lo pruebe en otra casa, mejor que lo haga delante de mí y se le quite la curiosidad.*

De verdad me pregunto si un menor de edad que no tiene la corteza prefrontal desarrollada —la que le advierte «*ten cuidado, es riesgoso, no lo hagas*»— tendría que probar el alcohol. No estoy satanizándolo, simplemente tenemos que pensar que «los adolescentes no son adultos responsables» y su cerebro termina de formarse alrededor de los 21 años. Así, no porque llegó a los 18 años ya es automáticamente capaz de tomar decisiones correctas. Si muchos adultos nos equivocamos, ¡ahora imagínense a un adolescente cuyas decisiones son tomadas por la parte emocional del cerebro!

Los padres, durante un largo periodo de la vida de nuestros hijos tenemos que ocupar el lugar de esa corteza prefrontal, hablemos con ellos, expliquemos las situaciones riesgosas por las que pudieran atravesar en su vida y llevémoslos a cuestionarse qué harían si están ante tal situación.

Es como cuando le preguntamos a nuestros hijos más pequeños: *¿Qué harías si te llegaras a perder en un centro comercial o en la calle?* Y sus respuestas nos dejan ver si son capaces de tomar una decisión correcta y, dependiendo de la respuesta les dábamos más herramientas para ayudarlos a saber qué hacer si eso ocurriera.

Pues eso mismo hay que hacer con nuestros adolescentes; hay que preguntarles:

- ¿Qué harías si un amigo te ofrece alguna droga?
- ¿Qué harías si algún día ves a un amigo que perdió el sentido?
- ¿Te gustaría levantarte un día y escuchar que la gente dice que hiciste «tal cosa» y tú no recordar nada?

Hay que esperar sus respuestas y ayudarles, ofreciéndoles alternativas para cuando quizá se presente el momento.

Este tema es fundamental para este libro porque actualmente encuentro a muchos padres siendo «laxos» en cuanto a estos asuntos; padres que, según ellos, no quieren perder la buena comunicación con sus hijos y les dan el espacio para decidir si quieren probar el *vape* (cigarros electrónicos), cigarrillos con tabaco o alcohol, creyendo que sus hijos serán capaces de tomar la mejor decisión. Es clave entender que los adolescentes no son responsables, no porque no quieran, sino porque simplemente su cerebro no está preparado. Entender lo que sucede en el cerebro de un niño y un adolescente es vital para que comprendan que, aunque ustedes sean padres presentes, siempre será necesario seguir «ESTANDO, OBSERVANDO Y CONOCIENDO» (ECO).

Si ustedes son de los padres que se han cuestionado *¿No estaremos siendo muy estrictos?* O han sentido la presión social de otros padres que dicen que con una cerveza no les pasa nada, que tienen que aprender a tomar o que ya todos lo hacen y si no se queda fuera del grupo; yo les aseguro: NO CEDAN PORQUE ESTÁN HACIENDO LO CORRECTO. Los adolescentes no tendrían por qué tomar (ni aprender a tomar) esto no solo se argumenta biológica, psicológica y neuronalmente, sino también legalmente, la presión social es fuerte pero debemos mantenernos firmes a nuestros principios porque es en beneficio de nuestros hijos.

A continuación algunas recomendaciones:

1. Hablen siempre sobre temas que les preocupen: sexualidad, drogas, amistades o cuidado personal. Recuerden que prevenir siempre será mucho mejor que remediar cuando ya esté presente el problema o que ellos adquieran la información en otro lugar.

2. No justifiquen conductas que observen raras en sus hijos; es mejor tratar de encontrar por qué las presentan en lugar de buscar justificaciones que lo único que logran es cegarnos y quizá agrandar el problema.

3. Hay que asumir que nuestros hijos siguen en formación y que somos responsables de orientarlos, guiarlos y educarlos, aunque ellos crean que «somos anticuados» o que no los comprendemos.

4. No te hace «cool» permitir que tus hijos realicen conductas no aptas para su edad; ellos necesitan a padres que les den seguridad, orientación y apoyo, no «amigos» que solo quieran quedar bien con ellos.

5. Debemos comprender que la presión social puede llevarnos a realizar o dejar de realizar acciones que ayuden a nuestros hijos; por eso reitero que tener bien claros los objetivos de crianza nos ayuda a mantenernos en el camino. Recuerden: *No porque toda la gente lo haga, quiere decir que es lo correcto.*

Error #13:
Perdemos el radar

Cuando te gusta una flor, solo la arrancas.
Pero cuando amas una flor, la cuidas y riegas a diario.
Quien entiende esto, entiende la vida.

El Principito

Se nos olvida lo que era ser niño o ser adolescente, incluso hasta para nuestros hijos pareciera que nacimos adultos y no es así, traten de ser empáticos y recordar esas etapas de crecimiento. Ser empático no es ser complaciente, es ponerse en los zapatos de los otros e intentar comprender ciertas situaciones desde la perspectiva del de enfrente.

Cuando nuestros hijos son pequeñitos, es más sencillo porque suelen tener reacciones muy auténticas que nos ayudan a tratar de entender qué es lo que está sucediendo, pero conforme crecen ya no son tan claras y precisa las señales de lo que necesitan.

Por ejemplo, los niños entre 2 y 4 años cuando empiezan a hablar con nosotros, no es suficiente con que los escuchemos y respondamos, ellos piden toda nuestra atención y hasta nos agarran la cara para vernos a los ojos y continuar hablando. Cuando son más grandes eso no sucede ya, si notan que no estamos poniendo la debida atención, sencillamente paran el relato y punto. No los ignoren, sean siempre cuidadosos de dedicar atención y escucha a sus hijos, estarán construyendo los pilares de una comunicación fluida. Con el correr de los años ustedes querrán saber todo de sus vidas y tal vez nuestros hijos ya no estén dispuestos a compartir «sus cosas» si se sintieron ignorados cuando niños.

No olvidemos que TODOS necesitamos tiempo y cariño, en cualquier etapa de nuestra vida y quizá cuando más demostramos que no lo necesitamos, más necesario es. Comprendan que sus hijos durante mucho tiempo conocen el mundo a través de ustedes, porque la primera convivencia es en casa, y que los comentarios, la manera y hasta el tono en que hablan influye en cómo ellos perciben el mundo. Si hay algo que no desees transmitirles; por ejemplo, un miedo, tendrán que ser muy conscientes de cómo lo manejan para que ellos no lo perciban.

Los niños son muy sensibles y uno de sus «quehaceres» diarios es observar el mundo, ver cómo se comporta e ir aprendiendo de él; entonces, claro que ellos se fijan en cómo hablas, cómo te mueves, qué expresiones utilizas, cuántas veces le vas a llamar antes de enojarte. Van midiendo hasta dónde pueden estirar «la liga» y saben en qué momento soltarla para no reventarla, y a nosotros como adultos, se nos olvida porque hay muchas situaciones a las que reaccionamos siempre de la misma manera, que hasta ellos se la aprenden y «nos toman la medida».

Seguro les ha pasado que cuando le van a dar una instrucción a sus hijos, ellos hasta los interrumpen y completan la frase, aquí hay dos caminos: uno es sentirse bien porque quiere decir que los han escuchado y no les ha entrado por un oído y salido por el otro, como se suele decir; o dos, darse cuenta que siempre reaccionan de la misma manera y si les toca un hijo que siempre anda buscando cómo romper las reglas, retarte, poner a prueba tu paciencia, es decir, un poco más rebelde, es donde generalmente nos enganchamos porque ellos incluso ya hacen algo sabiendo desde antes cuál será tu respuesta.

NO SEAMOS TAN PREDECIBLES no dejemos que ellos nos conozcan más de lo que nosotros los conocemos, por eso pongo tanto énfasis a lo largo del libro en la estrategia ECO (estar, observar y conocer), porque necesitamos poner toda nuestra atención en el mejor proyecto que tenemos en nuestras vidas, no dejar que la vida nos viva, sino vivirla nosotros. Un día experimenten y hagan algo inesperado y verán la cara de sorpresa que pueden llegar a conseguir. Si se enojan siempre por lo mismo, cambien de estrategia; si siempre que les dicen algo contestan lo mismo, cambien su respuesta; si ya saben que hay cosas que ni siquiera intentan platicarte o pedirte porque conocen perfecto su respuesta, cámbienla, aunque el final sea el mismo pero que sea con diferente respuesta; no podemos dejar de poner atención, cada instante cuenta. Les comparto una historia propia:

Yo suelo ser muy estructurada en cuanto a las responsabilidades escolares, les pido a mis hijos casi no faltar al colegio a menos que sea una causa justificada, que cumplan con sus obligaciones, tareas, actividades, clases, etc... y un día veo que llevaban un buen rato platicando entre los 3, como para ver quién se animaba a preguntarme algo, por fin se anima mi segunda hija (16 años en ese entonces) y me dice: *Oye mamá mis amigos quieren que nos «volemos un día»* (no ir a la escuela) *para irnos a un parque de diversiones y nos invitaron.*

Pero claro ella tenía su cara de «ya sé qué me va a contestar», en ese momento me dije: No puede ser que ellos sepan hasta qué palabras voy a utilizar. Pero cambié la estrategia y les respondí, *¿Cuándo sería?* En lugar de cortar con un no, hice todas las preguntas que quise: *¿Y cómo se irían?, ¿Y las mamás de tus amigos saben que se quieren volar el día?; ¿Si yo le hablo a alguna mamá para preguntarle, no* *hay problema?* Y al final hasta ofrecí llevarlos a su día de pinta.

No puedo explicar la cara de sorpresa de mi hija, ni ella ni sus hermanos lo podían creer. Y entonces pregunté: *¿Por qué esa cara?* Y contestó: *Porque pensé que no nos ibas a dejar ir. ¡Y ahora hasta nos vas a llevar!* Estaba muy emocionada.

A veces el ser flexible, enseñarles a los hijos que no siempre reaccionamos igual, no solo les ayuda a ellos a nunca dejar de preguntar o acercarse e intentar, sino también les ayuda a ustedes a comprender que no siempre se puede reaccionar igual en todas las circunstancias y menos, si lo que quieres es generar algún cambio.

«No esperes conseguir algo diferente haciendo siempre lo mismo». Con esto quiero decir que la educación de los hijos requiere de toda nuestra atención, compromiso y respeto; porque de esta manera siempre estarás tratando de conectar con ellos, no darás por hecho algunas cosas que *sin querer queriendo,* damos por hecho. La mejor manera de hacer sentir a alguien que lo queremos o sentir que nos quieren es dedicándoles tiempo (porque es un bien muy preciado que nunca vuelve) y cariño (porque alimenta el alma); solo piensen en sus recuerdos lindos, seguramente todo eso que les viene a la mente incluye tiempo y cariño.

Algunas recomendaciones que pueden ayudar:

1. Traten de no perder ese «radar», manténganse cerca y con los ojos bien abiertos.

2. Tengan claros los objetivos de crianza, sin que eso les impida ser flexibles en ciertas situaciones.

3. De cuando en cuando, hagan un alto y fíjense si sus hijos ya los conocen más de lo que ustedes los conocen a ellos.

4. Manténganse abiertos a poder aprender de sus hijos y enséñenles que siempre se puede aprender algo de todas las personas, ya sea algo que quieran llevar a cabo o algo que no quieran repetir.

5. Reconozcamos errores delante de nuestros hijos, no solo nos ayuda a tener una buena relación con ellos, sino que, además, les enseña que siempre hay maneras de retomar el camino.

Tenemos claro qué buscamos, pero SIN QUERER QUERIENDO, en el camino podemos perdernos.

Hay una gran diferencia entre «vamos a ver si funciona» y «vamos a hacer que funcione».

Anónimo

Creo que todos los padres de familia tenemos muy claro que deseamos que nuestros hijos sean felices, disfruten de su vida y sean buenas personas, pero, *sin querer queriendo*, muchas de nuestras acciones van en contra de nuestro bien intencionado «querer».

- **Sin querer queriendo, buscamos que sean independientes; pero...** en nuestro afán de sentirnos mejores padres estamos resolviéndoles cualquier necesidad, impidiendo que ellos aprendan a buscar soluciones.

- **Sin querer queriendo, queremos que aprendan a ser responsables; pero...** en el momento en que se tienen que hacer cargo de una consecuencia aparecemos nosotros a justificarla o a resolverla.

- **Sin querer queriendo, buscamos que sean personas buenas; pero...** como adultos, nos movemos en una sociedad de forma egoísta, individualista, en donde olvidamos que dar, recibir, compartir, escuchar, aprender y crecer forman parte de aprender a ayudarnos unos a otros.

- **Sin querer queriendo, queremos que sean felices; pero...** al mismo tiempo nosotros no sabemos siquiera gestionar nuestras propias emociones, perdemos el control, a veces olvidamos reírnos de lo simple o disfrutar de las cosas sencillas porque «nos gana el día a día». Olvidamos que todas y cada una de las emociones nos aporta algo y que sintiéndolas, reconociéndolas y también nombrándolas, aprenderemos a saber qué hacer con ellas.

- **Sin querer, queriendo, pedimos a nuestros hijos que se enfrenten a los retos de este mundo; pero...** constantemente estuvimos ahí para hacerlo por ellos y cuando llega el momento en el «que se tienen que rascar con sus propias uñas», nos damos cuenta que nunca dejamos que les crecieran.

- **Sin querer queriendo, les pedimos que supieran el valor del dinero; pero...** siempre tuvieron todo lo que pidieron (incluso sin tener que esperar) porque «para eso trabajo tanto, para darles lo que nosotros no tuvimos».

- **Sin querer queriendo, anhelamos hijos llenos de metas, de sueños y de ilusiones; pero...** para sentirnos presentes buscamos satisfacerles cada deseo. Lee bien: «deseo», no necesidad, que es muy diferente y esto vuelve todo tan sencillo para ellos que olvidan que en la vida hay que desear todos los días algo para levantarse e ir por ello.

- **Sin querer queriendo, nos esforzamos tanto por darles una mejor preparación académica que...** en ocasiones, se nos olvidó que todo eso no sirve si no sabemos quiénes somos, qué buscamos y hacia dónde nos dirigimos.

- **Sin querer queriendo, a veces queriendo ser justos...** nos olvidamos que cada uno de nuestros hijos vive, aprende y siente de manera diferente, y que el trato justo es «darle a cada quien lo que necesita», no a todos por igual y sin comparaciones.

- **Sin querer queriendo, nuestros deseos de que sean felices son tan grandes que...** queremos vivir la felicidad a través de sus ojos y se nos nubla la vista porque nos olvidamos que nuestros hijos aprenden a ver el mundo de la forma en cómo nosotros se los vamos presentando.

Es verdad que ser padres implica una enorme responsabilidad y compromiso pero lo más importante es no perder la brújula, seguir en el camino que buscamos y si nos extraviamos podemos recalcular, siempre se podrá. Nuestros hijos son el proyecto más importante de nuestra vida y no es que lo olvidemos, simplemente la vida tiene tantos distractores y pasa tan rápido que perdemos tiempo arreglando lo urgente y pasamos a un segundo plano lo importante.

A veces una situación parece una bola de nieve y sentimos que nos está aplastando pero si regresamos a lo básico y encontramos el punto del que partimos, el objetivo que nos trazamos, es posible no sentir que está todo perdido. Los primeros años de formación son fundamentales, forman parte de esos cimientos de los que hemos hablado, pero es importante que nunca pierdan el ánimo de compartir con ellos todo cuanto pueda ayudarles, aunque parezca que no escuchan.

Empéñense en ser ese ECO (estar, observar, conocer) que ellos recuerden como algo que los acompañó, guió y formó de una manera positiva y agradable para poder mantener una buena relación a lo largo de los años. Pocas veces nos permitimos sentirnos orgullosos de la tarea realizada, reconozcamos nuestra labor y disfrutémoslo.

Si ustedes llegaron hasta el final de este libro es porque desean fervientemente ayudar y acompañar a sus hijos, solo hay que tener claros los objetivos, ser conscientes (para disfrutar en lugar de sufrir), saber que se pueden equivocar y volver al camino elegido (olvidar la perfección y estar abiertos a aprender) y recuerden que, lo más importante de todo, es ese tiempo compartido. Ser padres no es fácil pues implica todo nuestro «ser» (físico, mental, emocional, social...), pero hoy, cuentan con herramientas valiosísimas de las cuales pueden hacer uso.

Los niños siempre, pero siempre, preferirán padres felices que padres perfectos; no dejen que la vertiginosa velocidad de la vida les haga olvidarlo *sin querer queriendo*.

Datos de contacto

- Facebook: Alicia Rábago (página Pública)
- Twitter: @aliciarabago
- YouTube: Alicia Rábago
- IG: @educalosparaquelosdemas

Ecosistema digital

Floqq
Complementa tu lectura con un curso o webinar y sigue aprendiendo. **Floqq.com**

Amabook
Accede a la compra de todas nuestras novedades en diferentes formatos: papel, digital, audiolibro y/o suscripción. **www.amabook.com**

Redes sociales
Sigue toda nuestra actividad. Facebook, Twitter, YouTube, Instagram.

EDICIONES URANO